U0140035

suncolor

suncolor

讓愛情長久的八場約會

21世紀最受信賴的 婚姻權威高特曼夫妻
陪你和另一半有效溝通

EIGHT DATES
Essential Conversations for a Lifetime of Love

約翰・高特曼 John Gottman
茱莉・高特曼 Julie Schwartz Gottman、
道格・亞伯蘭斯 Doug Abrams、
瑞秋・亞伯蘭斯 Rachel Carlton Abrams 著　陳岡伯 譯

suncolor 三采文化

目錄
contents

EIGHT DATES

Essential Conversations for a Lifetime of Love

前言
長久的愛情皆始於有意義的對話

每一個偉大的愛情都是一段永無止境的對話交織而成。從剛剛相識時的試探，進展到期待又害怕受傷害地討論彼此的信任與付出，最後是掏心掏肺地分享彼此內心最深的愛意、傷痛和夢想。對話中一問一答的內涵決定了兩人能否在長遠的年歲中不斷地學習、成長，然後並肩走下去。

當兩段不同的人生交織時，衝突不可避免會降臨。在面對歧見時，自以為是的評判往往會造成離異；唯有真心嘗試去理解對方，才能夠讓彼此更加親近。無論你和你的伴侶生性安靜或聒噪，彼此交流時使用的文字、表情和動作，都對你們的關係有決定性的影響。真實世界裡的戀愛關係不是童話故事，你必須付出努力並且承受傷害，才能在五十週年紀念日時，你會發現你比新婚時更愛身邊的伴侶；這才是真正的永浴愛河。

表面上看起來，婚姻或長久關係的成敗似乎和擲硬幣一樣難以預測。在美國，我們聽說有超過一半的婚姻以離婚收場。而在葡萄牙，離婚的機率高達七〇％。如果只計算再婚的話，美國的離婚率提高到了六五%，第三次婚姻的離婚率更是攀升到七五%。這些數字令人難堪，但是它們代表的是那些認賠殺出的案例。還有許多夫妻儘管維持著婚姻關係，卻生活在難以言喻的不滿、苦悶和絕望中。不過，在你沮喪地舉雙手投降之前，我們也有一些好消息要告訴你。

人們對於婚姻和交往從未有如今這樣高的期待，同時也面對了前所未有的嚴峻挑戰。但是本書要告訴你的是，兩人之間的關係並不是擲硬幣。這一切與機率無關，而是在於選擇。

現在，我們已經知道伴侶之間該怎麼做來扭轉難看的離婚率。四十年來，高特曼愛情實驗室一直在研究如何在戀愛關係中製造雙贏的局面。我們的實驗室位於西雅圖，在那裡我們研究了數千對伴侶之間的關係，並取得了他們的自我評估報告、共時性觀察數據和各項生理數據，然後運用先進的數學方法分析這些資料，找出伴侶生活中最常發生困難和衝突的場域。我們可以告訴你，是哪些因素讓善於處理戀愛關係的大師遠離可能發生的災難。我們將會透過八堂重要的對話溝通課程，帶領你創造出屬於你的「從此過著幸福快樂的生活」。

擁有一段長久的愛情是由不時出現的細微言語、表達和動作所構成；兩人在一起相處的每一天都至關重要。對另一半的探索不會在兩人承諾「我願意」或者同床共枕時結束，因為這是一段永無止境的過程。你可能要花上一輩子的時間去了解伴侶的內心世界，並且有勇氣去分享自己的內心。重點在於永遠不要停止探索彼此之間未知的領域。這令人興奮，也可能會讓你有些膽怯，卻會是一段最偉大的人生冒險。

相信我，我們對此有深刻體會。我們都享受著長久的婚姻生活：約翰和茱莉結縭超過三十年；道格和瑞秋也共度了超過二十五年的時光。直到現在，我們都還在彼此身上發現新奇的事物和意想不到的驚喜，而且比以前要更深愛著對方。這並不意味著我們擁有的是完美無瑕的婚姻。我們也會爭吵，也會有粗魯或不體貼的時候。

愛情的價值並不是完美，而是不斷地練習。我們練習如何表達自己情感，以及如何接受對方的情感。愛情不單單是一種感覺，更是一種行動。你需要的是確立目標和專注，這段過程我們稱之為「協調」（attunement）。

首要的是，你必須為對方騰出全心全意、沒有任何妥協的時間。永遠要對你的伴侶保持好奇心。

愛情長久的祕訣十分簡單。首要的是，你必須為對方騰出全心全意、沒有任何妥協的時間。永遠要對你的伴侶保持好奇心。別因為昨夜你們同床共枕，就以為你對今天的他瞭若指掌。簡而言之，你要不斷地提出問題，但必須是正確的問題。

我說的問題並不是那種「你餓了嗎？」之類的是非題，而是所謂的「開放式」問題。這些問題代表了一種對話的邀請，它們所引導出的回答並不僅僅是隻言片語。透過這些問題，你能夠建立親密的交談，讓伴侶與你分享他內心真正的想法。這樣的對話讓你明白他為什麼相信某些事物、為什麼做出某些行為，以及他的為人。

開放式問題所引導出的對話能夠讓你墜入愛河、幫助你決定是否該開始一段長期的交往關係，或者讓你對你所選擇要共度一生的對象維持愛情的熱度。本書會告訴你如何建立能導向親密感、互相關心和對彼此深刻理解的對話，釐清兩人之間的相似處和相異處。本書會讓你成為戀愛關係的大師，而不是災難製造者。我們將這些對話分成八項在交往中最重要的主題：信任、衝突、性愛、金錢、家庭、玩樂與冒險、心靈成長，以及夢想。我們以八場約會的形式來呈現這八個主題，並且提供步驟化的演練，讓你掌握在每一次約會中所能運用的開放式問題。

我們希望你以本書的八個章節為示範，實際去進行八次約會。但我們也希望你的約會能夠永遠持續下去。我們希望看到你在九十五歲高齡時，和伴侶的約會也毫不間斷，即使地點只是自家客廳。

我們希望你永遠不要停止對話、學習和成長。

數十年的研究顯示，婚姻大師與另一半的關係都建立在尊重、同理心和對彼此深刻的了解上。尤其對生性倔強、沉默寡言的人來說，如果沒有任何溝通，他們之間的關係也無法長久。本書會提供八種對話的架構，這是你和你的伴侶在決定要託付彼此之前、已經決定交往關係之後，或甚至要重燃愛苗時，所需要進行的對話。透過這些對話，本書將會協助你創造屬於自己的愛情故事。

這些對話可能發生在任何時刻：當你們的小孩出世時、當你們其中一人失業時、遭遇重大健康危機時，或者兩人之間的關係變調時。因為毫無疑問，所謂「從此過著幸福快樂的生活」並不代表沒有任何挑戰或衝突。**一段完全沒有摩擦的關係並不存在，就算你不出半點差錯**。在人生中，總是有更多的壓力、緊張和危機出現，你的處理方式可能讓你成功化解這些困境，也可能徹底摧毀你們的愛情，我們會在關於衝突的篇章中深入探討。「從此過著幸福快樂的生活」代表的是雙方都互相了解、珍惜並接受彼此的為人和成長。本書的目標是讓你隨著相處的每一天，都更愛你的伴侶。

對話永遠不嫌早，也不嫌晚

我們之所以寫這本書，是因為很少有夫妻或情侶得到指引，能學習如何營造出持久的幸福生活。本書的作者群集結了科學、心理學和性別研究等領域的專家。我們在建立起友誼之後，也成立了感情教育的智庫。很明顯地，大部分的夫妻或情侶都沒有受過處理感情的訓練；他們並不知道該如何溝通，直到尋求心理諮商的協助，而到了那一步通常為時已晚。

依照我們原先的構想，本書的目標讀者是那些剛開始認真交往的情侶，但是當我們徵求願意參與測試本書八種約會對話的情侶時，我們很驚訝地發現處在每一種交往階段的情侶都希望能夠完成這八場約會：包括了還在考慮是否要認真交往的男女、剛剛開始同居的情侶、剛訂婚和完婚的新人，那些已經結婚好幾年、希望能夠加深穩固關係的夫妻，以及那些希望替失色的婚姻找回光輝的夫妻。在人生的道路上，當職涯、小孩和其他危機出現，在彼此之間造成隔閡時，就是每一段關係的考驗。本書八場約會和深度聆聽背後的理念，就是要消除這些隔閡，讓兩人再次親密。

從實驗結果來看，那些約會網站上的配對演算法根本只是隨機將兩個陌生人湊在一起，毫無科學根據。

如果你和伴侶才剛剛開始交往，還在思考對方是否就是命中註定的那一個人，我們鼓勵你花一些時間與他談談，那些最後會決定你們的幸福（或悲劇）的話題。如果這讓你了解到你們並不適合彼此，那你就能夠省下好幾年的痛苦時光。或者，本書的約會對話也能夠幫助你了解彼此的不同處、克服無法化解的歧異和長存的問題、避免可能發生的衝突。如果你和伴侶已經處在一段長久的關係裡，這些對話可以幫助你們加強羈絆、降低摩擦。你們甚至能夠再一次以嶄新的觀點認識彼此，回到初戀時聯床夜話、迫不及待要多了解對方的時刻。

一項針對浪漫吸引力的研究指出，我們沒有任何評量工具能夠預測兩個獨立個體是否會喜歡對方，或者在戀愛上受到對方吸引。這項研究是由猶他大學的心理學家莎曼珊・喬爾所主導。她評估了上百個變項，例如自尊心、企圖心、價值觀、孤獨感，以及受試者所希望在伴侶身上看到的特質等等。但沒有任何一項能夠預測出受試者在一段短暫約會之後的感受。

這樣的結果並不是什麼新奇的發現。幾乎所有關於戀愛配對的演算法都毫無價值。為什麼會這樣呢？德國學者克勞斯・威德金德進行了一項被稱為「T恤實驗」的經典研究，提供了其中一個解釋。在這項實驗中，女性受試者用鼻子聞好幾件不同男性穿著兩天的衣服，然後從中挑選出她認為聞起來最好的一件。威德金德發現，女性受試者所青睞的衣服來自於那些在基因學「主要組織相容性複體」（major histocompatibility complex, MHC）指標上與自己有最大歧異的男人。由此可見，我們在尋找伴侶時，並不是想要找到一個與自己一模一樣的人。事實上，我們更容易受到與我們在各方面都極不相似的人所吸引。新墨西哥大學在二〇〇六年執行了另一項研究。在實驗中的四十八對男女裡，那些在基因上與男伴有較大差異的女性，表示她們在性愛方面得到更高的滿足。而那些與男伴基因相似度較高的女性則更容易會對別的男人有性幻想，也有更高的機率會偷吃。這些實驗結果表示，那些約會網站上的配對演算法根本只是隨機將兩個陌生人湊在一起，毫無科學根據。

所以我們有哪些替代方案？那就是從兩個人的互動，我們能夠預測這段關係是否能夠成功，或者只會變成一連串的悲劇。我們可以提供八段引導式的對話讓你與對方進行交談。接下來，根據你對於交談的感受，我們能夠推測出這段關係是否會有正面的回報。如果你確實看中了這個人，你也會知道該如何努力來讓這段愛情維持下去。

讓我們一樣先介紹一下這次研究的基本資訊。實驗中的受試情侶自願參與本書設計的約會，並且同意錄下他們之間最親密的對話，然後將音檔上傳至保密網站。在本書所呈現的各個故事和對話裡，我們隱藏了能夠辨識當事人身分的細節，讓他們使用匿名。因為在這些對話中，受試者暴露出自己脆弱的一面，這需要很大的勇氣。我們對於這些情侶同意記錄下他們之間最親密深度的交流，致上萬分的謝意。本次研究的受試男女，年齡介於二十一歲到六十七歲之間，其中三二％已婚、二五％處於約會交往的階段、一一％已經有穩固的關係但還沒有結婚的計劃，最後三二％則是已經訂婚或者計劃步入禮堂。我們收集了來自異性戀和同性戀情侶數百小時的約會錄音，然後在後續的線上研討會上，與他們探討這些約會的內容。所有實驗資料都經過嚴謹的驗證。

我們都希望能夠擁有一段健康快樂、親密深情的關係。這對個人、兩人之間，甚至之後建立的家庭都有正面的影響。我們期望的是互相陪伴和扶持，深知無論在人生中遭遇到什麼事情，這個人都會永遠和你站在一起。開啟這些對話的時機永遠不嫌早也不嫌晚；這些對話能夠加深對伴侶的理解，也更能夠讓彼此接受對方為這段關係所帶來的個人故事和不同文化。

本書所要帶領你進行的對話並不容易。維持戀愛關係意味著你必須在某種程度上揭露自己軟弱的一面，這不是令人舒服的經驗。有些人不善於性愛方面和身體上的親密接觸；有些人糾結於個人成長和心靈層面上的問題；有些人則總是想避開金錢的話題。你可能會有這樣的憂慮：這些對話不會造成爭吵嗎？如果我們無法理解彼此的觀點，該怎麼辦？如果我們因為彼此的差異而產生疑慮，又該怎麼辦？別擔心，我們會告訴你如何提出開放式問題，並且真正地聆聽彼此的答案。本書會給予你明確的指示，讓你知道如何營造出具創意性的對話，同時避免產生攻擊性。

對於剛開始認真交往的情侶，我們希望強調一點：在任何一段關係裡，衝突必然會發生，如果現在逃避衝突不去處理，日後只會遭遇更多的衝突。在一段戀愛關係的早期階段裡，除了幸福與熱戀感之外，更重要的是建立信任，規劃出兩人要共享的未來藍圖。在彼此不同的人生、成長背景和家庭情況交錯的時刻，波濤和顛簸在所難免。傾聽並學習，敞開雙臂邀請另一半分享不同的經驗。如果你保持開放的心情和態度，每一次的約會都會更為順利，日後一起度過的人生也會更加幸福。對於那些已經結婚很久的夫妻，我們深知夫妻一同面對一些棘手問題時的困難，也能夠體會那種無法理解對方想法、甚至懷疑這段婚姻的感受。這些其實都是正常的現象。如果你能夠鼓起勇氣，正面進行對話，你的婚姻或戀愛關係就能夠維持堅強和韌性。

最重要的一點是：歧異是必然的。如果你能夠理解並且接受，歧異反而能夠讓彼此的關係更為豐富。當你在進行本書規劃的對話時，請記得大多數的戀愛關係都是由極不相似的兩人所組成。這並沒有任何問題，因為談戀愛並不是在追尋一個心靈摯友或另一個自己；我們的伴侶並不需要與我們有同樣的想法。這才是讓人生更為有趣的地方。想像一下，如果你和與自己個性一模一樣的人結婚，這會多麼無聊！老實說，這和保持單身沒有什麼兩樣。

當然，許多夫妻或情侶擁有共同的核心價值，但是在其他方面必定會有不同的意見。而當初吸引你的也是這些歧異，但在交往之後，當你試著去改變對方與你不同的地方時，往往就會陷入麻煩。**學著理解和接受歧異，是建立持久連結和堅實愛情的關鍵。**

戀愛和婚姻能夠賦予每個人一個特別的機會，那就是以另一半的眼光來審視這個世界，而你和他之間親密的連結獨一無二，不可能出現在你和任何另外一人之間。如果你能夠保持好奇心，不斷去探索你的另一半，你們之間的關係和一起共度的人生都會無比精采。

愛情也是一門科學

大約四十五年前，約翰和同事羅伯特‧列文森在印第安納大學建立了一間小實驗室（後來遷移到伊利諾大學、華盛頓大學、加州大學柏克萊分校，如今位於西雅圖市區的高特曼研究機構）。在華盛頓大學期間，約翰的實驗室看起來就像是一間狹小的公寓套房。事實上，那是一座創新的研究設施，致力於挖掘婚姻和離婚的真相。以下是約翰在實驗中提出的基礎研究問題：我們是否能夠預測哪些夫妻會離婚，哪些會（快樂或不快樂地）維持婚姻關係？哪些因素真正能讓一段關係順利運作？

在我們其中一項主要研究中，一百三十對新婚夫妻入住這間後來被稱為「愛情實驗室」的公寓。如此一來，我們就能夠研究他們一整天的居家生活，包括吃飯、看電視、聊天、聽音樂、閱讀、打掃等等。

一切都跟平常沒有任何不同，除了那三臺架設在公寓牆上的攝影機，以及穿戴在受試者身上、能夠追蹤記錄心電生理現象的特殊監視器。除此之外，每一次受試者使用洗手間的時候，我們都會採取他們的尿液樣本，來檢測其中可體松（cortisol，又稱為壓力荷爾蒙）的含量。約翰和他的團隊研究每一對夫妻的肢體動作、監控他們的生理跡象，並且以每〇．〇一秒為單位記錄他們的每一次臉部表情變化。受試夫妻在愛情實驗室同床過夜的隔日，團隊會為他們抽血，檢測血液中的荷爾蒙和免疫功能情形。

這項研究中另一個重要部分，在於後續兩小時的口述訪談，此時受試夫妻會講述他們之間關係的種種故事。約翰會詢問他們最初是如何相識，以及對彼此的第一印象是什麼。接下來他會問到受試夫妻對於約會的記憶，還有他們如何發展彼此的關係，以及在交往初期他們最喜歡一起做的事。約翰請他們回想在這些年裡這段關係中出現的變化，包括所遭遇到的困難。

- 回想這幾年的時光，哪些時候對你們的關係來說是最為艱難的？
- 是什麼原因讓你們持續在一起？
- 你們如何度過艱難的時刻？
- 你們對於克服艱難時刻的想法是什麼？

約翰接著請受試夫妻解釋他們現在的關係與最初相遇時有什麼不同，並且提出他們如何選擇與對方交往的問題。

- 在全世界這麼多人之中，你是如何決定身旁的人就是你想要結婚（或認真交往）的對象？
- 這是個容易的選擇，或者十分困難？
- 愛上一個人是什麼樣的感覺？

約翰也問到婚禮、交換誓言和蜜月，以及在一起第一年的情形，哪些是特別愉快的時光，以及他們對於何謂「愉快時光」的看法。他和團隊成員也探討了受試夫妻對於彼此關係的信念，請他們想想看有認識哪一對關係良好的夫妻，以及另一對關係較差的夫妻，然後比較這兩段關係之間的差異。

- 請試著將你們的關係和這兩對夫妻比較。
- 你的父母之間的關係是否和你們夫妻的關係相似？

接著約翰詢問他們的交往史，包括了所有重要轉捩點和起起伏伏。最後，他問受試夫妻是否知道對方現在主要的憂慮、壓力來源、期望、夢想和抱負。

- 你們如何在每一天維持接觸和聯繫？

●你們通常如何維持情感上的接觸和交流？

同時，在討論的過程中，研究團隊監視夫妻兩人的語調、詞彙和肢體動作，以及正面和負面的情緒反應。在最後一個階段，約翰請每一對受試夫妻針對一件最近發生的衝突進行對談，他則是在一旁觀察。

這是一次耗費心力、嚴謹且透徹的研究。最後產生的成果是我們能夠以高達九四％的準確度預測哪幾對夫妻能夠維持婚姻關係，哪幾對則是會走上離婚一途。研究成果正式發表之後，似乎就不太有人敢邀請約翰和茱莉去共進晚餐了。在那些成功維持婚姻的夫妻之中，約翰也能夠預測出這些婚姻關係是否能夠幸福。幾十年來，約翰和羅伯特追蹤了數百對參與愛情實驗室的夫妻，觀察並且記錄超過三千段感情關係，從中擷取出關於愛情的真相。

四種關鍵態度決定婚姻成敗

在經過十年分析愛情實驗室的資料之後，約翰發現了一組決定一樁婚姻成敗的關鍵變項：在訪談中，一對夫妻展現出的態度是正面還是負面？這個問題並沒有太大的灰色地帶。他們不是強調一起度過的快樂時光，並且淡化不愉快的經驗，就是反過來強調不愉快的經驗，淡化快樂的時光。另一方面，他們不是強調伴侶的優點，淡化那些可能惹人厭的特質，就是反過來指出伴侶的缺點，對優點避而不談。

我們從實驗中得到的結果顯示，那些很可能會擁有幸福婚姻的夫妻都在談論彼此關係時展現出以下的特質：

1. 對伴侶的喜愛、情感和欣賞：無論是在語言或非語言的層面上，這幾對夫妻都表達出正面的情感（溫情、幽默、依戀）；他們強調在一起時的愉快時光，並且稱讚身邊的伴侶。

2.「合」vs.「離」：這幾對夫妻都強調順暢溝通的能力，以及兩人作為共同體的認知。在訪談時，他們會使用「我們」或「我們的」等字眼，而不是「我」或「我的」。

他們不會將彼此描述為獨自分開的個體。

3.「拓展」vs.「退縮」：擁有幸福婚姻的夫妻能夠生動且清楚地描述曾共度的快樂時光。反之，那些生活不愉快的夫妻無法想起相處的細節，敘述也十分模糊。前者在談論彼此的關係時展現出正面且充滿活力的態度，後者則對於回憶過去沒有絲毫熱情。前者很自然地說出他們之間親密接觸的資訊，而不是表現出冷淡和帶有防衛性的態度。

4.以共度難關為榮：在一段成功的關係裡，兩人共同打造充滿價值、目標和意義的人生。他們會以曾經攜手共度艱難的時刻為榮，而不是陷入沮喪和絕望。他們會強調對於這段關係的付出，而不是質疑自己是否該繼續和對方走下去。他們以這段關係為傲，而不會羞於啟齒。他們暢談彼此共有的價值觀、目標和生活哲學。他們致力於營造出共同的生命意義和人生目的，以及消磨時間的方式。他們也為這段關係創造出許多「傳統」，來維繫情感的羈絆。這種傳統我們稱之為「連結儀式」（rituals of connection）。約會就是「連結儀式」的一個好例子。

如果一對夫妻在訪談開始時就表現出負面的態度，無論是言語、臉部表情或肢體動作（憤世嫉俗、嘲諷或翻白眼），這代表負面情緒的開關已經開啟，這也幾乎無可避免地預示了這段關係的衰敗。如果這對夫妻對於彼此的關係表現出失望和幻滅，彷彿婚姻生活不如當初的預期，或者感受到沮喪、無望和苦澀，那離婚的可能性就大為升高。但是請記得，負面的情緒和令人遺憾的事件必然會出現在所有愛情關係中，關鍵在於如何正面地詮釋這些負面的情況、正面地看待伴侶的人格、在日常生活中極大化正面的態度，並且盡量淡化（蘊含在伴侶心中和彼此關係裡的）負面情緒。

簡單來說，情侶如果清楚感知到彼此的負面態度，這段關係就會快速地受到侵蝕。每一段成功的婚姻和愛情關係，都有深厚且親密的友誼作為基礎：兩人真正理解彼此的內心，全心全意站在同一條陣線上。這也是為什麼本書所規劃的對話模式如此重要。你所選擇的語言、語調甚至臉部表情，都有至關重要的影響。

我們每一個人有時候都會犯錯。當溝通上出了差錯，就必須加以補救。

當然，我們每一個人都會犯錯。當溝通上出了差錯，就必須加以補救。期待和伴侶有完美無缺的溝通，就和期待每次揮桿都一桿進洞一樣不切實際。**幸福的關係並不代表就不會發生爭吵，而是在每次令人遺憾的事情發生之後，能夠及時修補，並且維持兩人之間的連結**。其實幸福的夫妻和不幸福的夫妻之間並沒有太多差異，前者只是能夠以更輕鬆且快速的方式導正錯誤，回歸原本在一起的幸福時光。

最後，一段關係的成敗有很大一部分取決於你和伴侶之間的對話。本書包含了超過三百對夫妻或情侶的約會紀錄。他們實際演練、錄下交談的內容，並且分享他們的故事。無論是新婚夫妻、性冷感的夫妻、同性戀情侶或者老夫老妻，都發現這些對話讓他們與伴侶更加貼近，幫助他們以嶄新且令人興奮的角度來審視自己的另一半。他們的感情更加穩固，彷彿又談過了一次戀愛。

你也能夠做到。

親密關係全面影響我們的人生

親密關係的品質，是決定我們身體健康、對疾病的抵抗力和長壽的最重要因素。完滿的親密關係也能夠在各方面增進伴侶的心理健康，幸福的婚姻和長久的戀愛關係很顯著地降低憂鬱、焦慮、成癮、反社會行為，甚至自殺的機率。除此之外，許多研究也顯示，持續進行的不幸福關係可能會對孩童的認知和情緒造成損害，而幸福的關係能夠強化孩童在學校的表現，促進他們的情緒管理和與同儕之間的交際。事實很明顯，你的戀愛關係不但會影響到自己的人生，也對你的小孩和整個家庭社群至關重要。

數十年來，約翰和茱莉進行科學和臨床研究，也實際操作婚姻諮商療程。他們的隨機臨床試驗顯示出，許多已婚男女所表現出的互動模式並不一定會與他們關係的最終結果相符。時至今日，他們還在進行這些研究。瑞秋作為醫師，她也在自己的診所給予病患婚姻諮商，得以觀察到戀愛關係的好壞對健康影響的第一手資料。她也認為這樣的影響十分重大。道格有幸能與包括瑞秋在內的幾位獨具創見的作者合作，出版了多部關於兩性關係的著作。我們四人不單是同僚，更是以朋友的身分攜手合作，致力於建立能夠維繫一輩子的戀愛關係。這不單是我們自己對人生的期許，也希望能分享給更多人。

讓一段關係維持下去，似乎看起來就已經是了不起的成就。我們看過無數夫妻咬牙苦撐過三十年或甚至更久的婚姻生活。但是，問題在於，你該如何讓這段關係在隨著每一個十年的過去，依舊是帶來喜樂、成長和愛意的泉源？本書集結了我們超過五十年的個人經驗和專業知識，呈現關於對話的寶貴智慧，這些對話將能夠幫助你建立能維持一輩子的戀愛關係。

對每個人來說，進入一段彼此互相付出的感情是人生的重要階段。我們都需要去愛和被愛。我們也都希望在關係裡成長。一段關係所帶來的體驗包括了踏出自己的舒適圈。如果你願意坦率地表現出真正的自我，並且對於伴侶真實的樣貌保持開放的態度，你們之間的關係將會變得堅實無比，對彼此的了解也會更為深刻：你的人生也會更幸福。

如何準備浪漫的約會之夜？

一些微小但正面的動作能夠為關係帶來真正的變化。時常對伴侶表達感謝和愛意，在每一天結束時說說話，以親吻伴隨每一次的「哈囉」和「再見」。這些都是幸福健康的關係裡重要的小元素。你們的關係就是建立在每天相處時這些簡單細微的時刻，你應該張開雙臂擁抱這些時刻。但我們也希望你能夠每週騰出一段時間，計劃一次夜晚的約會（早晨或午後也無不可）。

本書會引領你進行八次不同的約會來強化你與伴侶間的關係。想談一輩子的戀愛，約會之夜應該要成為永恆常駐的一部分。你的目標是每週都安排一場特別的約會，這是戀愛關係裡的首要課題。

對於許多工作忙碌的夫妻來說，約會夜往往變成毫無規劃、就像是上廁所般的隨機事件，特別是那些有孩子的夫妻。在照顧小孩和工作日程交雜的空檔，約會變成讓他們暫時逃離一連串「待辦事項」的休息機會。然而，約會夜不應該只是偶然發生在工作和家事都允許的奇蹟時刻。約會夜必須是經過縝密籌劃的最優先事項。在許多戀愛關係和婚姻中，彼此一起享受樂趣時常落到了「待辦事項」的最後一個。這註定會造成不滿和離異。

這是一個簡單明瞭的事實：約會成就了完滿的戀愛關係。

感情中重要的約定

瑞秋和道格自從三十一年前開始交往後，就保持了每週約會的習慣。當年他們的第一次約會是在大學期末考週期間。他們當時已經意識到這將會是一段改變一生的關係，所以他們必須將對方和這段關係擺在最優先的位置。

「我們許下了一個約定，」道格解釋說，「不管手邊的工作是不是已經完成，我們那天一定要來一場午夜約會。我那週有一篇二十頁的論文要寫，瑞秋則是得準備很重要的醫學院期末考。但是在那個禮拜的每一天午夜鐘聲響起前，我們都完成了各自的工作。當時我以前所未見的高效率完成論文，臉上還一直掛著燦爛的微笑。」

「我們將與彼此相處的時間擺在最優先的位置，並且許下承諾。那些原本看起來會花上許多時間、使我們無法約會的事情似乎都縮小了，一扇讓我們共度浪漫時光的窗戶也隨之開啟。後來瑞秋開始擔任住院醫師，一週得工作一百一十個小時，接著雙胞胎出生，我同時做兩份工作，每天都得出差。即使如此，我們依然設法騰出約會的夜晚。如果沒有這些約會，我想我們之間不可能持續至今。」

瑞秋也表示同意，「如果沒有這些約會，我們不可能會在一起。我知道自己一直都很想結婚，道格也一樣。我們也明瞭約會將會是這段關係的關鍵。我們在大學時許下的約定至今未變。我們關注與彼此的關係，無論約會是在夜晚或白天，這對我們來說都是專注於對方的特別時刻。當然，這段過程並不總是簡單順利，但我們始終會想出解決的辦法。約會不止一次挽救了我們的關係。」

在本書中，約會是事先規劃好的一段時間。在這段時間裡，你們將工作和家事擱置，將注意力完全放在彼此身上，真正地展開對話，並且傾聽對方。一場有價值的約會並不是兩個人一起坐在沙發上看Netflix、出去看電影，或者和一群朋友去夜店跳舞。約會是只屬於你們兩人、互相交流和連結的特別時刻。試著把約會視為一場神聖的儀式。將你的3C產品留在家裡或者關機，在約會結束之後再查看。將本書這八次約會都當作是你們第一次相約，好好計劃並且懷抱興奮與期待。當然，你們還是可以去看電影或與其他朋友同樂，但是約會夜的重點在於兩人的相處和重新連結、在於重新體驗戀愛的感覺。你要提醒自己，這段關係不僅僅是住在同一個屋簷下，或者一同撫養孩子而已。你們要隨時銘記於心：彼此是無可取代的摯友和戀人。

專屬兩人的內心交流

由於約翰和茱莉每天都身處於同樣的職場，如何在約會時不談工作就時常成為兩人討論或爭辯的話題。

「如果你們兩人是同事，如何將約會和平常見面區隔開來就會是一個棘手的問題。我們在約會時，還是會忍不住想去談論工作上的事，」茱莉這樣說。「我們一起寫論文、一起設計各種工作坊、一起探討針對夫妻的諮商療程。我們都很熱切地想要分享自己的觀點。所以我們必須努力將工作從親密關係中抽離出來。」

約翰和茱莉最喜愛的約會是一起坐在一間咖啡廳，點一模一樣的餐點。服務生不但認識他們，也熟知他們每次必點的東西：烘蛋、法國麵包和手作果醬（再加上額外一份外帶回家）。在這場熟悉的儀式裡，他們彼此都有默契不去談工作。約翰說，「這是我們拋開工作、討論可深入問題的私密時刻。我們隔著桌子緊握彼此的手，我們調情、歡笑。」他們內心的交流讓「去咖啡廳坐坐」成為一段特別的約會時光。

「工作上的事情我們會等到離開咖啡廳之後再談。無論你們是不是在同一個地方工作，你都需要練習才能夠在約會時忘掉工作，專注於彼此的關係上。但是請試著去做到，」茱莉說，「這至關重要。」

約會前會出現的障礙

有些讀者可能會認為：你說得這麼好聽，也許在一個理想的世界裡我們真的能夠做到，但是在現實生活中，誰有足夠的時間、金錢，或者有能力請保母照顧小孩，讓自己無後顧之憂地去約會？我們想傳達的理念是，無論有什麼障礙，約會永遠都是可能的。不過有時候你必須發揮創意，切割並且拼湊出時間。

1. 時間：現代生活是如此繁忙，再為另一項「義務」騰出時間可能會讓你感到頭痛。但是約會不只是一項義務，它代表了你對於這段關係的付出和對美好婚姻的期望。這樣的想法能夠幫助你每週切割出一段時間，並且將約會擺在最優先的位置。除非有人進了急診室，不然無論發生什麼事，這場約會都勢在必行。將約會視為有如生日、教堂日、週年紀念日或者其他在人生中你會想要特別慶祝的日子。約會應該是向這段戀愛關係致敬的神聖時刻。認真看待約會，在日程表上標注下來，盡量給予它更多的時間。就算只是短短的一個小時，你也要好好打理自己前去赴約，風雨無阻。

2. 金錢：約會並不一定需要昂貴的花費。事實上，你可以一分錢都不花。約會可以是一次野餐、散步，或者一起閒坐在公園；有太多共度時光的方式都不會讓你破費。在本書的八場約會中，我們會針對主題推薦約會的最佳地點。約翰和茱莉以前常用的省錢約會方式，就是精心打扮之後來到美麗的飯店。他們會裝成房客，坐在華美的飯店大廳的壁爐火邊，以一杯美酒和各種開放式問題共度漫漫長夜。

3. 照顧小孩：對於家裡有小孩的夫妻來說，照顧他們就成了約會夜時常遇到的棘手問題。不過，我們依然可以找到不用花錢又能夠紓解照顧壓力的方法。約翰和茱莉偶爾會與道格和瑞秋互相幫忙照顧小孩，讓兩對夫妻都能夠享受夜晚的約會，沒有後顧之憂。如果這個方法行不通，你可以向值得信賴的家庭成員或者好友求助，幫助你促成與伴侶相處的神聖時刻。在社區裡尋找價格實惠的保母，或者請朋友推薦。在道格和瑞秋的孩子還小的時候，他們雇用能夠在每個週六夜晚上班的固定保母，如此一來，他們就不用在每次約會前都得臨時找人幫忙。有些父母對於將小孩交到別人手上感到不安，但是只要你能夠找到值得託付且令人心安的對象來替你看顧，你就能夠幫助孩子學習信任父母以外的人。事實上，孩子有著難以想像的韌性和適應力，而且透過和伴侶一起為這段關係付出，代表著你能夠確保小孩會在父母都不缺席的情況下受到呵護和撫養，營造出穩定健康的家庭。別忘了你的小孩隨時都在模仿你們，你會希望他們看到父母如何維持幸福的婚姻生活。

只要你有意志力，一定都能夠找到出路；這就是人生的至理。

我們不但會提供約會地點的建議，還會規劃出許多主題性的家居活動，供讀者選擇運用。

浪漫約會的教戰守則

本書中和八場約會裡最重要的教戰守則，就是保持開放的心胸、一雙能夠專注傾聽的耳朵，以及想要建立連結和探索對方的真正欲望。以下的步驟也能夠幫助你完成約會的事前準備。

1.閱讀：在每一次約會前閱讀該章節。每一章的開頭都會詳細解說為什麼這個題目對你們的關係至關重要，以及如何讓這次對話成為你們關係中一段愉快的時光。每一個章節也包括了一段我們稱為本章精華的摘要。在約會到來的前一刻，你可以利用這段摘要快速地複習所有重點。我們認為閱讀完整章節是必要的，但是如果你真的沒有時間，請至少讀過。

在「事前準備」的部分，我們提供了一些指導方針，讓你知道如何營造出有趣且親密的約會。最後的「約會提點」會帶領你熟悉所有開放式問題，並且提供一些精心設計的活動，讓你在約會的時候嘗試。在每個章節的結尾，你會找到一段文字，讓你透過本次對話主題的角度，確認你和伴侶在未來會繼續一起走下去。

2. 打開話匣子：在前往每一次約會時，記得帶著該次對話主題的開放式問題清單，這將會是你們之間對話的指引。你也可以和伴侶各自攜帶一本本書，進一步探討這次約會的主題，並且一起進行該章節中你們最感興趣的活動，這將會帶來意想不到的驚喜。在這些約會中，你們將會談論到最重要的話題，和對方產生真正的連結。試著專注在這些話題、活動和開放式問題上。

3. 淺酌就好（或者滴酒不沾）：控制你在約會時的飲酒量。你也許會認為酒精能夠讓你放鬆，但是它也會提高侵略性。這對約會來說不是一件好事。許多情侶在飲酒之後都會提高發生爭吵的機率。試著在每次約會時都不喝超過一杯的量。你會希望自己保持條理，真心專注在你和伴侶間的親密交談。如果你習慣的約會地點是餐廳的話，務必要選擇一個你們能夠暢所欲言，同時也能夠清楚聽見彼此說話的地方。如果你覺得在晚上一邊吃喝會讓你分心，無法專心進行重要的對話，那你應該找出另一段適合彼此的時間。如果你們習慣早起，那早晨的時光也值得考慮。或者如果日程方便的話，你們也可以從工作時間裡抽出一個小時的空檔來約會。

4. 保持幽默感：如果你真心希望增進彼此的關係，運用本書的對話就是一個最正確的選擇。沒錯，這是一本認真嚴肅的著作，但我們也希望你能夠享受樂趣。試著挖掘出幽默的時刻；在對話遭遇困難時，也試著找到彼此共有的歡樂。別忘了當初你們是如何愛上對方的，永遠都別忘記帶著笑容，這非常重要。

親密對話的四種技巧

約會的目的是能讓你們為彼此騰出時間的方式，也是進行有意義的親密對話的空間。我們會在下一個段落談到聆聽的藝術，現在讓我們先介紹一套交談的技巧，這會讓你們的對話更為親密且富含意義。以下列出的各種技巧將會幫助你表達自己的情感，也引導你去幫助對方表達他的感受，如此一來，就更容易建立我們希望看到的對話。你可以在每一次對話裡都按部就班地運用以下的技巧和建議，但這並不是絕對的做法。這些技巧的目的是幫助你開啟話題，並且維持親密的交談。

技巧#1　如何在交談中加入自己的感受？

試著說：「我現在覺得……」

□得到認同　□得不到認同　□充滿感情

□得到理解　□和你很親密　□緊張

□受到拒絕
□受到誤解
□被放在心上
□不被放在心上
□被拋棄
□和你緊密連結
□激動
□孤單
□寂寞
□不開心
□恐懼
□怨恨
□受到輕視
□受到侮辱
□疲憊

□和你很遙遠
□害怕
□有點疑惑
□受到忽視
□舒服
□不舒服
□沮喪
□對你充滿感謝
□自己很失敗
□羞恥
□義憤填膺
□擔憂
□害羞

□受到背叛
□你好像根本就不喜歡我
□惱怒
□疏離
□憤怒
□色情
□浪漫
□自己沒有吸引力
□懊悔
□噁心
□害怕
□開心
□歡樂
□無聊

現在說說你**為什麼**會有這些感受。這可以是一段對於某個事件的描述、一段兒時記憶，或者你對於某件事的坦承、觀察或見解，或任何連結你的感受和那些你認為觸發這種感受的事情。

技巧#2　如何聊得更深入？

試著提出以下的問題：

- 你現在感受如何？
- 你還有別的感覺嗎？
- 你需要的是什麼嗎？
- 你到底想要什麼？
- 這一切是怎麼發生的？
- 你有什麼真心想說的話？想對誰說呢？
- 你心中有哪些感受是你害怕說出口的？
- 你心中有一些複雜的情緒嗎？

- 你的個性中是否有互相衝突的部分？
- 這件事讓你想起過去經歷裡的哪一個部分？
- 你身在此處的責任是什麼？
- 你需要做出什麼樣的選擇？
- 根據你的價值觀，你對這件事有什麼想法？
- 想一個你真心敬佩的人。他會如何看待這個情況？他會怎麼做？
- 你的感受是否對你有宗教或道德倫理上的意義？
- 你不認同哪種人或者哪些行為？
- 這如何影響到你的身分認同以及你對於自我的想法？
- 你曾經經歷過什麼樣的轉變？或者你現在正在經歷改變的過程嗎？這對現在的情形有什麼影響？
- 你真正的想法或不滿是什麼？
- 你希望現在或者未來能夠如何解決這些問題？
- 想像一下，如果你只剩下半年可活，什麼對你來說是最重要的？
- 你的目標是什麼？

- 在這個情況下，你的責任是什麼？

技巧#3　如何幫助伴侶敞開心胸、滔滔不絕？

試著運用以下的探索性語句：

- 可以告訴我現在這個情況的背後故事。
- 我希望能夠知道你現在的全部感受。
- 跟我說吧，我在聽呢！
- 現在對我來說，最重要的就是聽你說話。
- 我們有很多時間可以聊，別著急，慢慢說。
- 告訴我你現在優先考慮的是什麼事情。
- 告訴我你現在需要什麼。
- 告訴我現在有哪些選擇。
- 一時之間不知道該怎麼辦也沒有關係，但是你有一些初步的想法嗎？
- 你說得很清楚，請繼續。

- 幫助我更了解你的感受。
- 再多說一些。
- 我覺得你已經想到一些解答了，可以跟我說嗎？
- 讓我從你的觀點來看待這件事。你覺得最要緊的是哪些部分？
- 告訴我你最在意的事情。
- 跟我多說一些你對這件事的想法。
- 跟我說說你覺得你必須做出的決定。

技巧#4　如何表達包容、同理心和理解？

試著運用這些富含同理心的語句：

- 你說得真的很有道理。
- 我了解你的感受。
- 我知道你一定覺得很無助。
- 當我聽你訴說時，我能感受到你的沮喪。

- 我知道你現在的處境很艱難。
- 我可以感受到你的痛苦。
- 我和你站在一起。
- 噢，天啊，這聽起來太糟了。
- 那一定傷你很深。
- 我完全同意你的看法。
- 你感覺好像陷入了一個困境！
- 聽起來你對這件事感到很厭惡。
- 我可以感覺到你現在很痛苦。
- 這一定讓你很不開心。
- 這聽起來很挫折。
- 這真是太可怕了。
- 如果是我也會覺得很失望。
- 如果是我也會覺得很受傷。
- 如果是我也會覺得很難過。

- 哇，那一定很傷人。
- 你一定覺得很挫折。
- 難怪你會生氣。
- 嗯，我想我了解了。所以你是覺得……
- 讓我重新整理一下你說的話。
- 那也會讓我覺得不安。
- 那聽起來很可怕。

傾聽到底是什麼？

本書為八場約會所提供的是針對某個話題的開放式問題。但是**提出問題只是對話的一個面向，傾聽才是更為重要的部分**。你需要做到並不只是坐在那裡聽對方說話。傾聽是以理解為目標、不帶批判和防衛心，也沒有反駁對方的欲望。這是一種接受式的傾聽，你必須全心全意專注在這樣一個行動上。如果你沒有跳脫出自己的思考侷限，你就無法真正做到傾聽。如果你封閉在自己的成見裡，你聽見的是自己的聲音，而不是你愛人的想法。

1. 專注：收起你的手機、平板電腦和其他裝置，將它們關機，或者至少調成靜音。對伴侶所說的話展現出真誠的興趣與好奇。傾身向前，與對方眼神接觸，也別隨意打斷對方說話。

2. 專心聽：對話之所以是對話，是因為傾聽並不僅僅代表該閉上嘴巴。當你作為一位聆聽者時，你不能去設想伴侶接下來想要說的話，而當對方在說話時，避免在心中思考待會兒你自己想要說什麼，也不要想著如何反駁對方的話。專心聽就對了。

3.提出問題：如果你無法理解對方所說的話，提出問題並且聆聽對方的回答。請記得，這些是設計來敞開心胸的開放式問題。運用探索式語句來幫助你了解對方，例如「你能多說一些嗎」、「是不是有一些故事或記憶跟這件事有關」也請別忘記，這是對話，不是審問。

4.融入：作為傾聽者，你的責任是融入伴侶的情感。千萬不要以拒卻或糾正的態度去輕視對方表達出的感覺。在這個階段，你還不需要去安慰或取悅對方。你的唯一目標是聆聽和理解。

5.見證：「見證」是傾聽中很重要的過程。這表示透過聆聽，你的伴侶不再感到自己是孤身一人。強化「見證」和同在的好方法，就是以你自己的話語來重複對方所訴說的事，藉此傳達出你對伴侶感受的認同。舉例來說，如果你的伴侶剛剛描述完他和一位朋友之間發生的問題，你就可以說：「你的朋友聽起來要求很多而且喜歡批評人，難怪你會覺得不開心。我覺得你會有這樣的感受很正常。」你不用擺出心理治療師的口吻，你只要讓伴侶知道你聽進去他所說的話。有趣的是，我們時常以為對方知道我們內心的反應，事實上，他們通常沒有半點頭緒。所以你要讓你的伴侶確定你已經聽見並且理解他的感受。

6. 避免批判：除非你的伴侶開口要求，不然絕對不要做出批判或者提出建議。在每一次對話中，我們希望傳達的是尊重、理解和同理心。本書所提倡的對話在一定的程度上要求參與者放開心胸，並且顯露出軟弱的一面。在這樣的情境下，彼此才能夠很安心且毫無拘束地分享內心最深處的想法、感受和恐懼。請記住，對話的目的不是要證明自己的看法是對的，或者指出對方的錯誤。對話的目的是了解彼此的異同，並且激發出能夠體會對方觀點的同理心。

7. 強化接受感：透過這些對話，你將會對伴侶有更深刻的了解，這同時也代表著看見彼此易受傷的一面。試著理解伴侶煩惱的來源，努力去接受他的樣貌，珍視你所擁有的一切，並且在兩人之間培養對彼此的感激。

傾聽並不總是一件容易的事，但如果沒有傾聽，就不可能進行親密的對話。在傾聽時，你可以運用一些問題來作為約會時的指引。到最後，你可以很自然地以這些問題來進行交流。以下是一些可以幫助你了解對方的問題，這些問題都很安全，不會造成約會的失敗。

- 你現在的感受是什麼？
- 你需要什麼嗎？
- 你有哪些選擇？
- 我該如何幫助你？
- 在這件事情上，你認為最壞的情況會是什麼？
- 在這件事情上，你最理想的情況會是什麼樣？

如果你發現你們無法了解對方，而是朝著衝突的方向發展，深呼吸一下（試試看在心中從一數到十，這能夠緩解腦部的情緒反應），或者去洗手間稍微休息。這些約會的目的並不是化解你們對於某些事情的歧見，或者處理那些造成衝突的事情。我們在每一個約會的章節都收錄了一段「如何預防摩擦」的訣竅，告訴你什麼事該做，什麼事應該避免，讓你不會在約會中製造衝突。如果你發現情況不對，雙方火氣上升，你可以參考本書最後的附錄。那一個部分探討了關於衝突的更多細節。

DATE 8

1

成為依靠：信任與承諾

班和莉亞是在亞利桑那大學認識的。每當班走出那堂天文學導論的教室時，莉亞就坐在外面的階梯上，等著進去上下一堂課。他情不自禁地注意到這個女孩子。「她總是把頭埋在書本裡，從來沒有瞧過我一眼。就算她看見我了，也只會說聲哈囉，因為她時時隨地都在看書。她低頭閱讀的模樣在我心中留下深刻的印象，但是也僅止於此。我甚至不知道她的臉孔是什麼樣子，也不知道她的眼睛是什麼顏色。但是她卻深深吸引著我。她專注的模樣、每次在那裡等上課的模樣，都讓我對她感到無比好奇。每一個禮拜我都這樣看著她，但是她絲毫不知道我的存在。我曾經在下樓梯時試著輕輕碰撞到她，但即使是我說抱歉時，她也只是低聲說『沒關係』，頭都不抬一下。

「她的身影在我腦海裡揮之不去。不只是有天文學導論課的那天，而是日日夜夜。她是誰？她叫什麼名字？她在讀的是什麼書？」

直到有一天，班覺得他再也無法忍受。那天下課後，他來到階梯處，直接坐到了女孩身旁。

「他坐得很近，近到我們的肩膀都碰在一起，」莉亞說，「我正在讀哲學課要上的沙特（Jean-Paul Sartre）。沙特的東西真的很難，我不是在開玩笑，我讀得很掙扎。所以我覺得有點煩。我抬起頭看到這個男生臉上掛著燦爛的笑容，好像我們是好久沒見的老朋友。」

班還記得當時莉亞的表情。「我終於見到她的臉孔和一雙棕色的大眼。我那時候好開心，開心到忘了我對她來說根本就是個陌生人。當然，她對我來說不是，但一開始她確實看起來不太高興。」

班終於向莉亞介紹了自己，然後問她在讀什麼。「我不想白白浪費掉這次交談的機會，所以我不斷地問問題。我沒有給她任何可以結束對話的機會。幸運的是，她人真的很好，所以我們足足聊了二十分鐘，直到她得進教室去上課。」

「接下來一整個學期，我們在上課前都會這樣聊上二十分鐘，」莉亞說。「我們就只是一直聊天，無所不聊。他從來沒有約我出去，也沒有要我的電話號碼。他就坐在階梯上，問關於我生活的問題。我現在想起來也是覺得有點奇怪。最後，是我主動開口約他出去。我想我有點嚇到他了。」

「她真的嚇到我了，但我當然答應了。重點是，早在我們第一次約會和親吻前，我就已經愛上她了。換句話說，我們還沒有任何肢體上的接觸，我就愛上了她。」

「他就是很穩重，永遠都在那裡等著我。他總是掛著笑容，關心我的生活。某一天他發現我有點冷，他就將他的上衣披到我身上，分開時也沒有要回去。這很難解釋，但是這些小動作讓我覺得他值得信賴。他總是用意想不到的方式讓我很有安全感。和他相處的過程就一直是這樣。我們在一起已經快要滿五年了，而且也有結婚的打算。在這一生中，我從來沒有這樣信任過一個人。這一切都是來自於階梯上的對話。他總是在那裡等著我，注意到我的需求，甚至是那些我自己都沒有意識到的需求。他是我一生的摯友和愛人。」

當班和莉亞進行本章節的約會時，他們發現彼此的原生家庭對於一段關係中的「信任與承諾」有著很不同的生命經驗。對莉亞來說，信賴代表著安全感和伴侶對自己的關注。

「我的父母離婚後，母親的情緒處在很糟糕的狀態，所以常常忽視我，也不和我互動。她隨時都很疲憊，無暇顧及女兒的心情。我記得我那時候因為沒能選上啦啦隊而難過，但是她卻毫不關心。我知道這聽起來沒什麼大不了的，但還是讓我很受傷。我父親同樣也不在身邊。只有書本才能帶給我安慰，我總是沉浸在閱讀中。所以我想對我來說，信任意味著一起相處和關注，也在於你是否能做到你想要做到的事。」

> 班和莉亞發現彼此的原生家庭對於一段關係中的「信任與付出」有著很不同的生命經驗。

另一方面，班的父母婚姻圓滿，但是他們對彼此的承諾來自於對上帝的信仰，他們堅信這樁婚姻是神的旨意。

「他們是堅守婚姻的家庭，雙方的家庭也是如此。但我從來沒有看到他們單獨花時間相處。所有的重心都圍繞著家裡的小孩和上教堂做禮拜，加上其他例行公事。我記得他們常常不和對方說話，然後我下定決心以後絕對不要變成這樣。」班接著說道，「在性方面他們都忠於彼此，但我並不知道他們腦子與心是否也都同樣忠誠？因為我看過老爸偷偷注意其他女人，這種感覺實在很怪。」

班發現「信任與承諾」的約會讓他明瞭了一些事情。「我從來不知道啦啦隊事件，但我能夠理解莉亞的心情。我也知道實現諾言的重要性。我記得之前有一次約好要去露營，最後我臨時變卦。我想我現在能夠明白她當時的反應。」

「那時我有點反應過度，」莉亞笑著說，「說到信任，很多人想到的都會是誠實無欺，但是經過這次對話之後，我們都知道信任不只是不背著對方偷吃之類的。信任是在於實現你做出的承諾，無論事情的大小。」

「不過呢，她完全忘了要把那件上衣還給我。」班最後開著玩笑說。

承諾是你如何做出選擇、付出一切

在一段關係中，承諾的意義就是我們每一天如何做出選擇——我們選擇付出一切給伴侶，即使今天很疲憊、超時工作或者承受巨大的壓力。我們選擇付出一切給伴侶，即使你遇見了另一個更具吸引力的人。每當你的伴侶希望得到你的關心時，你會選擇放下書本、離開電視機或者智慧型手機，無論有什麼重要的事情讓你忙得不可開交，你都會擱置在一旁，選擇付出一切給對方。也許對方需要的只是一個微笑或者一段交談，但我們都要試著去真正做到。當你願意將這段關係擺在最優先的位置，才能真正建立起信任，讓對方知道婚禮上的誓言不只是說說而已。愛情實驗室發現，通常那些最細微的正向小動作最能夠產生巨大的效果，在一段關係中建立牢不可破的信任和安全感。

所以真正的承諾意味著什麼？最顯而易見的，就是拒絕和任何第三者有發展關係的可能。無論在身體上或精神上，我們都忠於自己的伴侶。在婚姻之外，我們保持該有的界線。已故的雪莉・葛拉斯博士是研究不忠的世界級專家，著有《不只是朋友》（*Not "Just Friends"*）一書。她的研究可以用兩個字總結：窗戶與高牆。**在你結婚或者進入一段認真交往的關係之後，在理想的情況下，你會在彼此周圍築起一面牆，在兩人之間則有一扇打開的窗戶。**

在深度情感和身體接觸的層面上，這面牆將你倆與其他人間隔開來。葛拉斯博士在研究中發現，當一個人（特別是那些關係陷入不愉快的夫妻或情侶）向第三者傾訴關係中的煩惱時，他等於是對外人打開了一扇窗戶。而當他對自己的伴侶隱瞞這段「柏拉圖式」的交流時，他也在彼此之間築起了一道高牆。如果想要建立一段充滿信賴、付出和忠誠的長遠關係，伴侶之間就不能有高牆存在。一扇對第三方好友（無論是異性或同性）開啟的窗戶，都會很快發展成一條通道，這就是發生出軌的契機。在現實中，這樣的友誼不是不可能，但是你必須注意界線。當有一方開始隱瞞這段新友誼，這段關係就亮起了紅燈。你和伴侶之間的高牆將會阻斷雙方的信賴與付出。

當然，對一個人付出一切，這也許是一個令人卻步的想法。這意味著將所有的雞蛋都放在同一個籃子裡，而籃子下方也沒有安全網。這意味著當這段關係失敗時，你沒有所謂的「備胎」可用。當情況不對時，你不能對任何外人抱怨。相反地，你必須直接面對伴侶，一起想出解決的辦法。除此之外，如果我們真心對另一半付出，代表已經獻出了所有，就沒有留下任何情感空間給別的愛人。這是個艱難的選擇，卻至關重要。如果你無法做到這種程度的付出，那愛情就不可能長久。

選擇付出一切，代表著無論另一半是什麼樣的人，你都毫無保留地接受，包括他所有的缺陷。這也代表著不隨便威脅說要離開，即使有時候這樣的想法確實閃過你的腦海。同時，這也代表著比起自己的煩惱，你更在意對方的痛苦。約翰說得好：「如果我的太太難過，我的整個世界都會停下來，只為了能夠聆聽她的痛苦。」

在一段付出一切的關係中，雙方都得讓自己的世界暫停運轉，試著去了解對方、緩解對方的傷痛。這也是為什麼我們談戀愛和步入婚姻的原因之一。我們需要對方，也需要被對方需要。承諾就是在每一次決定的機會中，都毫不猶豫地選擇對方。因為說到底，一段關係的成功在於你想要讓它成功的決心。

順帶一提，有一種錯誤的行為很容易導向各種的背叛，那就是在關係遇到困難時，將自己的伴侶和現實中或想像中其他人的伴侶拿來比較。這種我們稱為「負面比較」的行為不會在兩人之間培養感激，只會孳生因為匱乏所帶來的憎惡。當你和伴侶之間產生問題時，這種行為不會讓人願意溝通來解決問題，反而會促使你去幻想另一段能夠給予你現在所無法擁有的事物的新關係，並且幻想另一位新伴侶。「負面比較」不是一個能處理負面情緒的好方式，反而會對你們的關係造成極大的危害。

何謂全心投入？

幾年前，約翰為一對夫妻已經進行了幾週的療程。某天晚上，他們在預約時段如期來到診所，很明確地告訴約翰「他們結束了」。約翰是這對夫妻的第六位治療師，顯然他們認為這次療程並不成功，是時候結束這段醫病關係，也是時候結束他們的婚姻了。約翰對此感到遺憾，因為他一直覺得他們之間的關係有在進步，情況正在好轉。

「你們能幫我個忙嗎？」約翰問。「既然你們都已經付了費用，你們願意幫我了解一下這次療程對你們不起作用的原因嗎？身為心理治療師，我期許自己能夠從失敗中成長進步。」

這對夫妻同意再多待一會兒。於是約翰先詢問他們這一週過得如何。

「我們大吵了一架……」妻子開口，但是她的丈夫立刻插了進來。

「我們參加了一場派對。當時我正和一個在那邊認識的女人聊得起勁，我老婆又像之前那樣，過來拍拍我的肩膀，說她累了，想要回家睡覺。」

約翰點點頭，他已經聽過這對夫妻為了彼此間的協議吵得不可開交。這名丈夫是一位成功的商務人士，而妻子原本也是一名醫師，但是卻放棄了工作，待在家帶小孩。他們之間的爭吵不外乎是因為時間和金錢上的歧見，還有誰當家作主的問題。約翰請他們再更詳細地描述派對的情形，了解究竟發生了什麼事使他們想要終止諮商療程。

「是這樣啦，」丈夫說，「她說很累想要離開，在回家的路上我說派對上那個女人滿不錯的，我跟她聊得很開心。」他接著回憶，他對妻子說他們從來沒有那樣子聊天。那個女人的挑逗性話語讓他覺得很興奮，因為他妻子已經很久沒有跟他調情了。約翰對此暫時沒有回應。

「妳是怎麼回答的呢？」他先詢問妻子。

「我很生氣，然後告訴他成熟點，別再勾搭其他的女人。」

「妳當時心裡在想什麼？」

妻子停頓了一下，然後說，「我那時候心裡想，我希望我能跟一個更成熟的男人在一起，我可以得到更好的對待。」

此時約翰已經明白為什麼療程會失敗，也明白為什麼他們會換過五個治療師之後才來找他。「現在你們可以離開了，」他對這對夫妻說，「我已經知道為什麼療程不起作用了。謝謝你們。」

他們很訝異地呆坐在著，然後請約翰說明他從這段爭吵中釐清了什麼訊息。

「這麼說吧，」約翰說，「你們當初相愛、訂婚然後結婚。你們一起買了房子，然後有了一對兒女。但是你們之間卻沒有任何信任與承諾，所以就會期待能有更好的出現。」

他對丈夫說，「現在你在派對上遇見另一個女人，當你在享受跟她聊天和調情時，你其實正在拿她和你的妻子比較，並且認為你應該娶到更迷人的女子。」

接著他轉向妻子，「而當他對妳抱怨時，妳也同樣想著自己應該跟更成熟的男人在一起，得到更好的對待。這代表你們對彼此都沒有信任和承諾。」

丈夫立刻提出抗議，「我所做的一切都是為了家庭。我犧牲了每一天！你怎麼能說我沒有付出？」妻子也同樣表示反對，認為自己的付出都受到了忽視，「我打理所有的家務，我的工作也充滿了壓力。」

「讓我告訴你們一個出自《愛麗絲夢遊仙境》的故事，」約翰說，「愛麗絲看見一隻奇特的兔子跳進洞穴裡，她毫不遲疑地跟著跳了進去。她不知道這趟旅程會是什麼樣子，也不知道仙境並不是一個完美的地方，那裡有夢幻有趣的事物，也充滿了險惡艱困的挑戰。這是一場愛麗絲完全不知道結果的冒險，但她還是跳了進去。愛麗絲沒有任何猶豫，沒有想過搞不好會遇見一隻更可愛的兔子。在她心中，她深深體會到自己已展開一場冒險，相信就算會遭遇困難，這仍是如魔法般美妙的過程。**她沒有回頭張望，也沒有懷疑自己的選擇。這才是真正的付出。**你們之間所謂的付出和忠誠都是表面功夫，從來不是全心全意地參與。你去參加派對，然後想要遇見更能滿足需求的第三者。而妳不喜歡丈夫的舉動，認為這代表彼此不適合。當你們試著協商時，都是從自己的利益出發，而沒有思考對雙方都好的方法。你們沒有建立信賴、付出和忠誠的基礎，因為你們根本沒有全心參與這段關係。這就是為什麼沒有任何心理治療師能幫得上忙。因為你們到現在還抱著騎驢找馬的心態，幻想著如果你跟隨了另一隻兔子的腳步，就會發現一片更翠綠的原野、另一個更美妙的世界。」

這番話讓夫妻倆在震驚中沉默良久。幾個月後，約翰打電話過去關心他們的近況。他們說那天離開約翰的辦公室後，他們花了一整個晚上的時間談論了付出與忠誠，以及這兩個字眼對彼此真正的意義。現在兩人的關係進入了一個新的階段，也開始和另一位治療師進行諮商，幫助他們找到無法建立安穩親密關係的原因。

他們也針對信任、忠誠和付出談到彼此的價值觀和期待。他們聽起來更在乎彼此，也更為體貼。約翰知道他們的婚姻已經有了改善的機會。

發現屬於自己的「仙境」

在一段關係中，總會有困難的時刻來臨。

另一半可能會激怒你、傷害你的感情或者讓你失望。在這些痛苦的時刻，你會感到憤怒、悲傷或沮喪，你可能會懷疑自己是不是選擇了一隻對的兔子、跳下對的洞穴。甚至你會想，如果不是眼前這個現在正令你不爽、傷害你或使你失望的人，也許你可以過得更快樂。事實上，那些真正全心全意付出的伴侶不會在遇到困難時將一隻腳踏在門外，想著搭上另外一條船。他們已經為這一段關係投注了一切，所有的雞蛋都在同一個籃子裡。艱難的時刻來臨時，他們不會威脅說要離開，也不會浪費時間幻想外面還有另一個更理想的人選。他們關注的是眼前這個雖然不盡完美但是真實不虛、這個他們當初選擇去愛、尊重和珍惜的伴侶。而不是去想像某個更好相處、更能滿足自己需求的夢幻對象。讓我再重複一次最重要的一點：當關係出現問題時，他們向對方說出自己的想法，而不是對某個外人抱怨伴侶的不是。

> 那些真正全心全意付出的伴侶不會再遇到困難時，
> 總是將一隻腳踏在門外，想著搭上另外一條船。

對一段關係付出一切，意味著你在某種程度上要說出自己易受傷的一面。這可能比愛麗絲在仙境裡遭遇的怪物要令人害怕得多。「她能夠滿足我的需求嗎」、「他會一直都在那裡等我嗎」、「她會在別人面前批評我嗎」、「她會背叛我嗎」、「如果我生了重病，他還會愛我並照顧我嗎？還是他會離開我？」

當我們決定要對另一半奉獻一生之後，這些真實的恐懼就會浮現。在剛墜入愛河的時候，我們都會拿出最溫柔體貼的舉動和最健康積極的一面。但隨著時間的流逝，關係中的兩人都會變得更真實、更透明也更脆弱。沒有人可以完美無缺，就算兩人再親密，也不可能消弭個人的獨特性和不安全感。然而愛情奇妙的地方在於，**我們越誠實展現出自我，我們更能發現另一半愛的是真正的自己**，而不是剛開始約會時理想化的模樣。別隱藏自己脆弱的一面，如此一來你才能夠在關係中建立有如氧氣般重要的信任感。你也需要時間和許多的對話才能建立信任感，就像班和莉亞之間的交談，以及本書後面會呈現的對話。

信任是每一段關係的支柱，這個詞不單是一個名詞，也代表一項行動。在一些細微的時刻讓對方知道你隨時都在他身邊，信任就是來自於這些不起眼的動作和表示，來自於我們為伴侶調整自己的步調、像朋友一樣傾聽對方，並且在他承受負面情緒（悲傷、憤怒、嫌惡、恐懼等）時，堅定地和他站在同一陣線，即使這些情緒的對象是我們自己。無論做出什麼樣的決定，我們在意的是伴侶之間的幸福。互相的信賴感就來自於相信兩人都在替對方著想。伴侶間的協商不是為了替自己贏得最好的待遇，我們也必須考慮我們的決定對對方所造成的影響。

有很多種行為都會造成一段關係中信賴感的破裂。以下是一些最常見的情況：

- 遲到
- 沒有將伴侶放在最優先的位置
- 當伴侶受傷或生病時沒有陪在身邊
- 對整個家庭的幸福沒有做出貢獻
- 在談話中以「我」代替「我們」
- 無法信守承諾

- 對伴侶隱瞞一些祕密
- 說謊
- 無論在公開或私下的場合羞辱或輕視伴侶
- 不忠
- 肢體暴力

在婚姻或交往關係裡，我們每一次互動或每一次爭執，都會面對以下這些問題：

- 你珍惜我嗎？
- 我對你有多重要？
- 我在你的生命中是最重要的嗎？
- 你是否將我的付出視為理所當然？
- 你是不是一直在尋找比我條件更好的人？
- 對你不高興時你是否在乎？你是否願意聆聽我的顧慮？

我們會從宏觀和微觀的角度來展示這些問題的答案，這也能夠促進每天伴侶之間的情感付出和信任感。在相處的每一天裡，我們都要讓對方知道我們珍惜他所有的正面特質，並且淡化負面特質的重要性。

如果你和伴侶能夠一起討論彼此對於信任和付出的價值觀，並且以實際行動尊重對方的價值觀，你們的關係就會開花結果。

當信任瓦解時，八步驟補救

如果你們之間有人違背了彼此的約定，破壞了信任，以下有八個步驟引導你進行補救。無論事情的嚴重性，這些步驟都能夠發揮效用，但是千萬別略過任何一個步驟。

1. 決定談話的時間和地點。
2. 雙方各自說出在事情發生時（信任遭到破壞時）的感受，但是不要有任何責怪或批評。
3. 其中一位傾聽對方說話，暫時不要回應或評判。
4. 兩人輪流描述自己對於這件事的觀點，同樣不要責怪或批評對方。聆聽的一方試著去認同對方的處境和感受。聆聽的一方在輪到說話之前，不要急著提出自己的觀點。

5. 解釋那些在關係中存在已久、但是被這次事情觸發的感受。舉例來說，你在一次晚餐約會中爽約，這觸發了伴侶小時候被遺棄的傷痛，或者在上一段關係中遭受拒絕或背叛的經驗。
6. 兩人各自反省自己在這次事情中的責任。
7. 兩人互相道歉，並且互相接受對方的道歉。
8. 兩人一起制定計劃，避免這樣的事情再度發生。

我們全心付出，因為那個人是不可取代的

全心的付出其實是建立在一個共識上：相信伴侶是自己最珍視且不可取代的人。透過培養我們對伴侶的感恩之情，我們不只是在自己心中，也在交流的過程中建立相互付出的關係。在我們心中，沒有任何人能夠比得上身邊的伴侶；所以，我們會放大對方的優點，不去強調對方的缺陷。我們懷抱並與伴侶分享這樣一個想法：「沒有任何一個人能夠與你媲美。」

相反地，如果你向另一半傳達出「你缺乏了一些我們要繼續走下去所需要的特質」，這等於是告訴他「你是可以被別人替代的」，這同時也撒下了背叛的種子。如果

我們在心中和與伴侶的交流中滋養對另一半缺陷的厭惡，背叛就極有可能會發生。我們在心中認為，許多別人都可以輕易將伴侶比下去；我們放大了他身上的負面特質，再也無法看見他的優點。如此一來，我們就會懷抱這樣一個想法：「任何一個人（無論他存在於現實或想像中）都能夠與你媲美，甚至勝過你」，然後在交流中傳達這樣一個負面想法給伴侶。

以下我們會介紹九十九種珍惜伴侶的方法（其實還有數百萬種方式，但是限於篇幅無法一一詳述）。

本書中的八場約會都是針對人性脆弱面向的測試。我們相信在第一場關於信賴真正意義的約會中，你們的對話不但讓你們更為親密，也是真正談一輩子的戀愛。

小活動1：

99個說出欣賞彼此的方式

步驟指示：首先想像一個你伴侶的等身肖像，然後想像你在人像上貼滿一張張的便條紙，上面寫著所有你們一起達到的成就和共度的時光。這些可以是一起出去玩的時候、互相的安慰、一起搞笑耍笨、各自的夢想，以及一起克服的挫折。仔細回想你們在一起的故事。思考到目前為止，共度這段人生為你們帶來了什麼。

現在，閱讀左方的題詞。每一道題詞都是你對伴侶表達珍惜之情的原因。這些都是簡單的是非題；思考如何珍惜身邊的伴侶，這會賦予你們相互連結的力量。除此之外，我們也知道並不是每一個問題都會對你產生共鳴。這是我們之所以列出這麼多題目的原因。運用那些你特別有感觸的問題，用心去告訴你的伴侶你有多珍惜他的諸多特質。創造一個儀式般的時刻，也許每週一次，來大聲告訴你的伴侶你對他的珍視。

我跟你說，我很珍惜你，因為

1. 我們一起去玩，一起享受快樂的時光。

□是 □否 □已告訴對方

2. 我們常常一起開懷大笑。

□是 □否 □已告訴對方

3. 我們一起很開心地去旅行。

□是 □否 □已告訴對方

4. 在這個世界上，沒有人能夠取代你。

□是 □否 □已告訴對方

5. 我們一直都能夠安慰彼此。

□是 □否 □已告訴對方

6. 我們曾一起度過經濟上的難關。

□是 □否 □已告訴對方

7. 我們已經學會該如何真正地信賴對方。

□是　□否　□已告訴對方

8. 你一直都很支持我的夢想。

□是　□否　□已告訴對方

9. 你一直都讓我衣食無缺。

□是　□否　□已告訴對方

10. 我們有過一些很棒的冒險。

□是　□否　□已告訴對方

11. 我們有過一些很棒的公路旅行。

□是　□否　□已告訴對方

12. 我們一起熱衷於學習。

□是　□否　□已告訴對方

13. 你很了解我。

□是　□否　□已告訴對方

14. 我喜歡你探索大自然的方式。

□是 □否 □已告訴對方

15. 我們喜歡一起唱歌。

□是 □否 □已告訴對方

16. 我們曾一起完成過一些我跟其他人都無法完成的事。

□是 □否 □已告訴對方

17. 你一直都很值得信賴。

□是 □否 □已告訴對方

18. 在經歷挫折的時候，我們曾互相療傷止痛。

□是 □否 □已告訴對方

19. 我們一起撫養小孩。

□是 □否 □已告訴對方

20. 對我來說，你比任何財富或珠寶都要更珍貴。

□是 □否 □已告訴對方

21. 你一直都很忠誠。
□是　□否　□已告訴對方

22. 我喜歡你自然隨興的樣子。
□是　□否　□已告訴對方

23. 你教了我很多事情。
□是　□否　□已告訴對方

24. 雖然我有很多缺點，你還是接受了我。
□是　□否　□已告訴對方

25. 你理解我的一些個人目標。
□是　□否　□已告訴對方

26. 我們能合奏出很棒的音樂。
□是　□否　□已告訴對方

27. 我尊敬你的智慧。
□是　□否　□已告訴對方

28. 我們是很棒的團隊。
☐是 ☐否 ☐已告訴對方

29. 我喜歡你歡迎客人的方式。
☐是 ☐否 ☐已告訴對方

30. 我喜歡你井井有條又很有效率的樣子。
☐是 ☐否 ☐已告訴對方

31. 我們喜歡一起聽我們都愛聽的音樂。
☐是 ☐否 ☐已告訴對方

32. 我欽佩你擁有的許多技能。
☐是 ☐否 ☐已告訴對方

33. 你愛我的家人，也曾經幫助過他們。
☐是 ☐否 ☐已告訴對方

34. 我欽佩你常常展現出的勇氣。
☐是 ☐否 ☐已告訴對方

35. 我尊重你的價值觀。

□是　□否　□已告訴對方

36. 你能了解我的幽默感。

□是　□否　□已告訴對方

37. 你曾經在有人批評我的時候，站在我身邊挺我。

□是　□否　□已告訴對方

38. 我們的性生活很美滿。

□是　□否　□已告訴對方

39. 你總是看起來很帥（美）。

□是　□否　□已告訴對方

40. 我很感激你在我狀況不好的時候照顧我。

□是　□否　□已告訴對方

41. 在遇到危難的時候，我真的可以依靠你。

□是　□否　□已告訴對方

42. 我們都一樣喜歡養寵物。

□是 □否 □已告訴對方

43. 我們愛上了彼此。

□是 □否 □已告訴對方

44. 你能讓我很有安全感。

□是 □否 □已告訴對方

45. 我們都愛著孩子。

□是 □否 □已告訴對方

46. 你是個好人。

□是 □否 □已告訴對方

47. 你曾經原諒過我。

□是 □否 □已告訴對方

48. 我們曾一起幫助過一位需要幫助的朋友。

□是 □否 □已告訴對方

49. 我喜歡你的浪漫。

□是 □否 □已告訴對方

50. 你真的吸引到我。

□是 □否 □已告訴對方

51. 我喜歡你的聰明。

□是 □否 □已告訴對方

52. 你很慷慨大方。

□是 □否 □已告訴對方

53. 我們曾經一起化解彼此間的衝突。

□是 □否 □已告訴對方

54. 我們曾經一起照顧過家人。

□是 □否 □已告訴對方

55. 我尊重你對待朋友的方式。

□是 □否 □已告訴對方

56. **我感到被你愛和照顧。**

□是　□否　□已告訴對方

57. **我喜歡看你洗澡的樣子。**

□是　□否　□已告訴對方

58. **你幫助我建立了一個充滿慰藉和平和的家庭。**

□是　□否　□已告訴對方

59. **你是個很體貼的人。**

□是　□否　□已告訴對方

60. **我們的道德觀很類似。**

□是　□否　□已告訴對方

61. **你很愛我的母親。**

□是　□否　□已告訴對方

62. **你曾經在我害怕時安慰我。**

□是　□否　□已告訴對方

63. 我們曾經一起有過很浪漫的旅行和約會。

□是　□否　□已告訴對方

64. 我們的價值觀和信仰變得很契合。

□是　□否　□已告訴對方

65. 我很敬重你的智慧。

□是　□否　□已告訴對方

66. 你曾經支持我對抗敵人。

□是　□否　□已告訴對方

67. 我喜歡你聆聽我說話的樣子。

□是　□否　□已告訴對方

68. 你是很棒的父母。

□是　□否　□已告訴對方

69. 當我生病時你照顧我。

□是　□否　□已告訴對方

70. 當我最懷疑自己的時候，你陪在我身邊。

□是 □否 □已告訴對方

71. 你支持我的個人目標。

□是 □否 □已告訴對方

72. 我喜歡你的謙遜。

□是 □否 □已告訴對方

73. 當有人公開批評我時，你為我發聲。

□是 □否 □已告訴對方

74. 我們一起生了一個小孩。

□是 □否 □已告訴對方

75. 我們一起建立了一個家園。

□是 □否 □已告訴對方

76. 我們有許多共同的人生目標。

□是 □否 □已告訴對方

77. 我很高興你不是一個見風轉舵的勢利鬼。
□是 □否 □已告訴對方

78. 你深深吸引著我。
□是 □否 □已告訴對方

79. 我們已經在一起這麼久了。
□是 □否 □已告訴對方

80. 我們一起努力成為一個共同體。
□是 □否 □已告訴對方

81. 對於能夠以你為榮，我覺得很感謝。
□是 □否 □已告訴對方

82. 我們曾一起克服困境。
□是 □否 □已告訴對方

83. 我很喜歡跟你在一起，因為我總是可以做我自己。
□是 □否 □已告訴對方

84. 你總是很支持我個人的發展。
□是 □否 □已告訴對方

85. 我喜歡你對陌生人的友善態度。
□是 □否 □已告訴對方

86. 你幫助我度過悲傷，我很珍惜你的陪伴。
□是 □否 □已告訴對方

87. 我喜歡我們一同禱告的時光。
□是 □否 □已告訴對方

88. 我很有信心我們能夠一起度過任何風暴。
□是 □否 □已告訴對方

89. 我很感謝你總是在我難過時聽我說話。
□是 □否 □已告訴對方

90. 我喜歡你一直以來的誠實。
□是 □否 □已告訴對方

91. 我很敬佩你的努力。
□是 □否 □已告訴對方

92. 你總是能自我解嘲，我很喜歡這一點。
□是 □否 □已告訴對方

93. 我們曾一起歡慶成功。
□是 □否 □已告訴對方

94. 你是我最好的朋友。
□是 □否 □已告訴對方

95. 我喜歡你的實在。
□是 □否 □已告訴對方

96. 有許多時候我感到迷失，是你幫助我找到正確的道路。
□是 □否 □已告訴對方

97. 我喜歡我們精神上的連結。
□是 □否 □已告訴對方

98. **當我感覺脆弱時，你堅強地在我身邊。**

□是 □否 □已告訴對方

99. **我覺得我能夠以我們一起建立的人生為傲。**

□是 □否 □已告訴對方

本章精華

↓信賴代表著珍惜彼此，並且讓伴侶知道自己能夠讓他依靠。

↓信任感是由每天的付出所建立，這意味著：

- 你將所有的情感都投注到這段關係上。
- 你選擇拒絕和任何第三者發展的可能性，因為這可能會破壞信賴。並且在婚姻外的任何交友關係中保持界線。
- 當問題出現時，你向伴侶訴說自己的感受和需求，而不是找外人抱怨。
- 無論你的伴侶有什麼缺陷，你都無條件地接受他。
- 你珍惜所擁有的一切，並且懷抱感激。
- 你絕不會威脅要結束這段關係。
- 你關懷伴侶的傷痛，甚至超過自己的煩惱。

↓信任感是這樣崩解的：

- 沒有將伴侶放在最優先的位置。
- 無法信守承諾。
- 當伴侶受傷或生病時，沒有陪在他身邊。
- 說謊、保有祕密、不忠。

↓關於信任、忠誠和付出，我們會提出這些重要的問題：

- 我能信任你嗎？
- 我需要你的時候，你會在我身旁嗎？
- 你會對我忠實無欺嗎？
- 當我受傷時，你會在我身旁嗎？
- 我對你有多重要？

約會提點：

我們該如何讓對方有安全感？

對話主題：

在我們的關係中，「信任和承諾」是以什麼樣貌呈現？我們該如何讓對方感到安全？我們針對「信任和承諾」的約定是什麼？

事前準備：

閱讀本章節，並且特別注意那些讓你感到共鳴的部分。定義「信任和承諾」對你的真正意義。思考兩者在你原生家庭中的樣貌。想想你和你的伴侶在哪些小地方展現出對彼此的付出。

地點：

由其中一人來規劃這次約會。你們可以討論由誰來安排，或者擲硬幣來決定。你可以請對方信賴你的決定，在約會地點上給對方一個驚喜。如果你想要進一步增加情趣，你可以在出發時蒙上伴侶的眼睛，帶他去你所選擇的浪漫地點。

建議：

尋找一個高度較高且有良好視野的地點，例如高樓中的餐廳、橋梁或山丘等。在理想的情況下，那裡會有一個舒服的位置讓你們並肩安坐，一起討論開放式問題。如果可能的話，第一次約會的地點應該對你們的愛情故事有特殊意義。舉例來說，班和莉亞可能會在他們當初相遇的階梯上約會。選擇一個優美平靜的地點。無論是哪邊，規劃這次約會的一方都要確保這是一個安靜的私人空間，這樣才能夠進行坦誠的交談。你們需要一個能保有安全感的地點，才能放開心胸分享內心脆弱的一面。

在家約會：如果你決定要在家約會，我們提供了一些想法。你們可以輪流蒙上眼睛，由對方引導你走過整間房子。這是一個演練順暢溝通和照顧伴侶的絕佳機會（「現在你正要走過門廊」、「現在往上踏一步」等等），同時也能夠培養相信對方引導的信賴感。

小叮嚀：

帶著開放的心胸。在閱讀本章節時，準備好討論心中任何關於信賴和付出的想法。

在開始對話前，別忘了閱讀以下的「如何預防摩擦」指導方針。信賴這個題目在對話中很容易觸發各種情感。在開始之前，你們必須在一些基本規則上達成共識。

如何預防摩擦：

↓對伴侶保持開放的態度。
↓避免讓對話變成針對過往信任破裂的互相指責，但不要淡化彼此的憂慮。
↓向伴侶提出以下的問題：「為什麼信任和承諾對你來說有很重要的意義？」
↓坦承自己的需求。
↓在談到信任、忠誠和付出時，避免強迫對方接受自己的觀點和信仰。
↓將兩人的差異視為能夠更了解彼此和分享信賴及付出價值觀的機會。
↓避免評論和批判。

可以深入討論的問題：

互相提出以下的問題（我們已經在語言的層面上提供了許多建議，但是你可以自由運用對你們來說最自然和合適的方式來提問）。在本書的研究中，每一對夫妻或情侶都使用了以下列出的問題，但你也可以自由發揮，加上額外你想到的問題。

↓你的父母如何表現出對彼此的付出？他們如何表示對方缺乏付出？在你心中，這些家庭情況對你和伴侶來說有什麼意義？

↓信賴對你來說有什麼意義？

↓你是否能描述之前有哪一次你感到不信任我？我能夠做什麼來修補這個情況？

↓為了讓你更信任我，你對我還有哪些要求？

↓為了表示我對這段關係的付出，我還能滿足你哪些需求？

↓你認為我們必須在哪些方面下功夫來建立彼此之間的信賴感？

↓在信賴和付出上，我們哪些地方相似，哪些地方不一樣？我們該如何接受彼此的差異？

確認我們會繼續共享彼此的未來

輪流大聲唸出以下的聲明。在唸誦時，記得保持目光的接觸。

我對你承諾，每一天我的選擇都是你。並且明白地告訴你，我將我們之間的關係放在最優先的位置上。我也對你承諾，我們會再進行七次這樣的約會和對話。

DATE 2

認識彼此：差異與衝突

衛斯理和瑪莉在決定結婚以前，已經同居了兩年之久。當他們決定要討論兩人之間的衝突時，已經是結婚第二年了，不過他們卻總是喜歡說他們還處在蜜月期。「我們從不爭論，也從不吵架。我們不會像有些朋友那樣大吼大叫。我們是彼此最好的朋友，我想不起任何一件讓我們爭吵的事情。」瑪莉這樣說道。而他們在這一次約會裡，才對衝突有了新的認知。

衛斯理和瑪莉口中的和諧婚姻，其實只是逃避衝突所得到的結果。衝突無可避免，關於婚姻的最大迷思，就是相信如果夫妻間從來沒有爭吵，或者沒有討論那些困難或令人不舒服的問題，那就是一段美好的關係。婚姻不僅代表了兩人的結合，更代表了兩種不同的習慣、性格、信仰、嗜好的結合。這一切都會造成難以預測的結果。當你進入一段長期關係時，如果認為成功的相處就是沒有任何衝突，那你必定會經歷失望和挫敗。

衛斯理和瑪莉確實有過一段似乎頗為棘手的爭吵。衛斯理希望在睡著的時候開著電視，但瑪莉偏好安靜，在關掉電視之後才能夠很快入睡。她發現自己好幾個晚上都得等到衛斯理睡著，才能夠關掉電視入睡。某一天她對丈夫提起這個問題，卻沒有明白表示這樣的情況讓她感到困擾。而當她換了一份需要早起的新工作時，她感到越來越難以忍受衛斯理這個在她眼中顯得自私的行為。她常常整夜未能闔眼，想著自己付了一半的貸款、為了丈夫買了一張新床，卻沒有得到應有的重視。她的怒氣和怨恨逐漸累積，但她依舊一句話不說。最後，瑪莉開始懷疑自己是不是嫁對了人。難道只有她每次都得犧牲和妥協，讓對方如願嗎？這會是接下來好幾十年的光景嗎？

關於婚姻的最大迷思，就是相信如果夫妻間從來沒有爭吵，或者沒有討論那些困難或令人不舒服的問題，那就是一段美好的關係。

在衛斯理眼中，瑪莉變得越來越沒耐性和暴躁。他之所以會娶瑪莉為妻，是因為她是他所遇過最溫柔和善的女孩子、因為她臉上總是掛著笑容。衛斯理喜歡逗瑪莉笑，但他漸漸發現自己的幽默換來的只是對方的沉默。他完全不知道妻子心中的煩惱，而當他問起時，瑪莉卻告訴他一切都沒事。衛斯理開始懷疑這一切是不是個錯誤。瑪莉不再開心地面對自己，隨著時間流逝，她似乎變得越來越安靜。衛斯理幾乎不認得眼前這個像石頭一樣的女人，那位當初與他一同步入禮堂的幸福女孩彷彿已經消失了。

最後，衛斯理終於和瑪莉攤牌，希望知道究竟出了什麼問題，為什麼她要如此惡劣地對自己。瑪莉感到驚駭莫名，因為在她心中，衛斯理才是惡劣且自私的一方。於是，瑪莉說出了這個長久以來的困擾，聲淚俱下地說：「我想我們之間結束了。」

一時之間，衛斯理張口結舌說不出話來。過了好一會兒，他才告訴瑪莉，因為他從小失怙，媽媽身兼兩份工作，他常常孤單一人在家，電視就是他唯一的陪伴。「有一次，有小偷闖進我們家，偷走了電視。我很崩潰，因為電視是我漫漫長夜裡僅有的慰藉。沒有了電視，我就孤身一人且一無所有，這真的很可怕。」

瑪莉從來沒有聽過這件事，她為丈夫悲傷的童年感到心疼。

「但是妳為什麼說我們之間結束了？」衛斯理問。「這不過就是一臺電視的問題，我們可以想辦法解決。」

原來，瑪莉之所以從來不和衛斯理爭吵是因為她害怕衝突。從小到大，她從來沒有看過父母吵架。每當問題發生時，她的母親會帶著瑪莉和一對弟妹離家去外面過夜。不管是三更半夜還是上學日的前一天，母親都會把小孩們趕上車，帶他們到最近的旅館。他們會在游泳池裡玩水、叫客房服務，好像在度假一樣。幾天之後他們回家，也沒有人會問母親當初為什麼要離家。唯一一次瑪莉聽見父母大聲吼叫，就是在他們離婚的前夕。當瑪莉上高中時，單身的母親也開始和男人約會。每一次母親和男友分手，她就會換掉家裡的電話號碼。瑪莉並不理解這些情況，她不知道母親已經將這樣一個想法深植在心中：逃避任何衝突，但是當爭吵出現時，就代表這段關係已經結束。

分享這些故事對衛斯理和瑪莉來說是一個重要的轉捩點。現在，瑪莉明白為什麼衛斯理在睡覺時需要電視機帶來的慰藉。衛斯理也了解瑪莉為什麼一直不說出自己不開心的原因、為什麼當他們終於觸及這個話題時，她會認為兩人之間已經結束。之前對瑪莉來說，兩人一起討論夫妻間的歧見是一件難以想像的事情。現在，她發現這樣的對話並不會終結他們的關係，反而讓她對丈夫感到前所未有的親密，因為他們分享了彼此的童年回憶。

「我們的關係提升到了一個全新的層次。感覺更為真實，」瑪莉這樣說。「現在我幾乎會期待衝突出現，因為我們總是能夠從衝突中學到新的事物，更了解對方。這讓我們的連結更為緊密。這不是主動找架吵，而是不再逃避對話。我很喜歡那種一起度過難關的感覺。這就是一段關係的意義。就算我們有不同的意見，我們依舊站在一起，試著找到互相理解的方式，然後解決衝突。」至於電視的問題，他們現在有了一個遙控裝置，能夠在二十分鐘之後自動關閉電視。

大部分那些像衛斯理和瑪莉一樣進行這次「處理衝突」約會的夫妻，都將之視為檢視雙方歧見並且走向理解和接受的機會。釐清歧見的有力方式，就是分享彼此的故事和回憶。

衝突不一定要解決

以衝突作為對話主題聽起來好像有點怪異，但討論如何管理衝突的最佳時機絕對不是雙方已經開始吵架的時候。你必須記得，一段關係中發生衝突是再自然不過，而且這些衝突隱含了你們要一起努力的目標。

衝突為什麼會有目標？衝突的目的是什麼？許多人也許會這樣問，因為他們認為衝突毫無意義且會造成危害。這大錯特錯。衝突是必要之惡，因為我們在與對方相愛的過程中，總是會陷入撞牆期，這個時候我們就需要慢下來，小心地處理彼此的關係。相互的理解，這就是所有衝突中最健康且最具建設性的目標。

> 從永久性問題中，你能夠抓住與伴侶一同成長並且變得更為親密的機會。

你也許會感到驚訝。但衝突的目的不是要贏得爭論或者說服對方。你可以看到，在做出妥協時，我們必須要針對事情本身去理解對方最核心的需求，同時也釐清彼此能夠彈性變通的部分。但是你的目標不是去讓對方變成跟自己一模一樣的人，而是去理解對方。

瑪莉和衛斯理發現，處理好衝突能夠幫助他們更愛對方，也對伴侶有更深刻的了解，同時還能夠讓兩人對這段關係付出更多。沒有任何人是完美無缺的溝通者，包括像我們這些結婚幾十年的專業婚姻治療師。

另外很重要的一點：我們的研究顯示，大部分關係中的衝突都是無法徹底解決的。因為每一個人都是獨特的個體，兩人在進入一段關係時必定會伴隨著許多問題。有些問題永遠都會存在，不管你更換幾個伴侶都一樣。這就是為什麼我們不時會聽說又有幾對夫妻離婚，因為他們的關係卡在這些無法解決的問題上。可是，當他們再婚後，發現同樣的問題又再度浮現。

然而，多數的問題都與我們的人生如影隨形，並且在進入新的關係時浮現，除非我們願意正視問題，並且採取適當的管理方式。關係觸礁的一大成因，就是我們都以為「問題一定能解決」。我們的研究顯示，當夫妻談到那些總是會造成爭吵的事情時，有六九%吵的都是所謂「永久性問題」。這些問題無法被根除，進入一段關係就代表你必須努力去和這些問題和平共處。往最好的方面想，這些導致衝突的永久性問題，你能夠抓住與伴侶一同成長並且變得更為親密的機會。因為，當你發現問題揭露出伴侶的不同面向時，你也同時清楚地看見伴侶的核心價值觀和人格。當然，有一些衝突情況可能會造成關係的終結，例如一方想要生小孩另一方卻不願意，或者一方有嚴重的藥物濫用、成癮或家暴傾向卻拒絕治療。但是在大部分的情況下，夫妻所面對的不是一些習慣上的永久性問題（永遠都無法根除），就是一些能夠輕易解決的暫時性問題。

1. 暫時性問題：這些是在某些特定情境下發生的問題。例如誰來做家事、誰在星期五的時候去接小孩，或者放假要去哪裡玩等等。衝突只環繞在這個特定的話題上，背後並沒有更深一層的意義。像是老公上完廁所喜歡把馬桶蓋放下來，老婆因為討厭坐在冰冷的馬桶圈上而生氣。這種事情雖然討厭，但是兩人的動作背後並沒有特別的意義。暫時性問題能夠輕易解決，而且一勞永逸。你們可以分擔家務，輪流去接小孩跟決定出遊的地點等等。但是這不代表這些小問題不需要努力去處理。你們必須用心去身體力行，維持雙方訂下的協議。

2.永久性問題：這些問題來自於彼此在性格和生活習慣上根深蒂固的差異。你會發現你們必須不斷地面對這些問題。它們可能與基本生理需求、守時習慣、乾淨整齊的要求、相處的時間、宗教信仰、與姻親的相處方式等有關。即使是運動習慣的不同也可能會造成巨大的歧見，因為你可能喜歡繞著社區悠閒漫步，而她卻認為為了身體健康，一定要辦健身房的會員才行。你們不可能「解決」各自的性格和生活習慣，你也不應該試著去這樣做。如果你們能夠認知到這些永久性問題，你們就可以接受並尊重彼此的差異。衝突（特別是那些來自於永久性問題的衝突）管理的核心在於接受伴侶最真實的樣貌。當你們接受了那些不可改變的特質之後，你們才真正接受了彼此。接受伴侶真正的自我，他也會同樣做到接受真正的你。肯定彼此的歧異，並且從中學習。

關於僵局

沒有人喜歡陷入僵局那種動彈不得、無處可去的感受，這是永久性問題容易造成的局面。當你發現你和伴侶不斷重複同樣的對話或爭論，卻毫無任何進展時，就表示這個問題陷入了僵局。這些交談可能讓你感到挫折、受傷或受到遺棄，最後將伴侶視為敵人。在前面的例子裡，瑪莉在心中開始怨恨衛斯理。在她眼中，「丈夫開著電視睡覺」

已經變成了一個極度自私的象徵。如果你發現兩人的想法越來越極端、越來越不肯退讓，這就是僵局的發生。僵局最終會導致兩人漸行漸遠。距離才是會扼殺一切關係的元凶，並非憤怒、爭執或衝突。

在本書最後關於「實現夢想」的章節中，我們會進一步討論到陷入僵局的衝突。因為在每一個這樣的衝突中，兩人的意見背後都蘊含著各自的欲望和夢想，埋藏在表面的和諧之下，等待被挖掘出來。如果你選擇將衝突視為一種了解對方的方法，那衝突反而會讓你們更為親密。如果你真心希望理解對方的立場，透過討論彼此的歧見，你就能夠建立更堅強穩固的關係。當你的伴侶顯露出怒氣時，別急著辯解或反駁，試著問自己和對方：「你的需求是什麼？你有什麼願望希望得到滿足？」在爭論的過程中，如果你能夠讓伴侶了解你深愛且接受他，那即使你們之間的歧見再大，這段關係或婚姻也不會受到影響，甚至還能夠更堅固。那些結縭數十年的夫妻都學會以正面幽默的態度看待伴侶的缺陷、癖好和人格上與自己的差異，所以不會再感到迷惑和挫折。

說出後悔的話時，用四步驟修補

在許多進行本次約會實驗的夫妻或情侶中，只有一對發生了爭執。沒錯，討論衝突很可能會導向衝突，但在我們的研究中，就只有一對夫妻發生這樣的結果。如果你在這場約會裡遇到這種情況，也不必擔心。在任何關係中，爭執都必定會發生，這很正常且無法避免。但我們的研究顯示，那些真正過著幸福婚姻生活的夫妻都以溫柔正面的態度來處理衝突。他們聆聽對方的觀點，希望理解對方，然後一起找出對彼此都有效的退讓方法。

紙上談兵很容易，但是在現實生活中，我們的言行常常會讓伴侶感到受傷。我們總是會忘記要尋求理解，反而花上二十分鐘在爭吵誰對誰錯。我們會想防衛自己、批判對方，甚至展現出輕蔑的態度。當我們應該面對面的時候，卻選擇轉身離去。老夫老妻都知道如何將這些「令人後悔的言行」（吵架的委婉說法）所造成的傷害降到最低。

在約翰和茱莉的研究中，他們將所有的夫妻和情侶分成「大師」和「災難」兩類。前者享有長久的幸福關係，後者則是離異或者勉強維持著不快樂的婚姻。在衝突發生時，「大師」知道該如何修補「令人後悔的言行」所造成的傷害。

當「令人後悔的言行」發生時，以下是修補傷害的步驟。你應該將這些步驟納入你和伴侶之間的衝突管理中。處理衝突代表的是靜下來談論當時爭吵的情形，而不是重燃戰火。透過審視爭執的過程，你才會明白該如何在未來提升這段關係。**你的目的不是再**

次爭論或證明誰對誰錯，而是去了解對方眼中的現實是什麼樣子。在感情的觀點上並沒有對錯的問題，重要的是你必須透過伴侶的雙眼去看待事情。

> 當我們應該面對面的時候，卻選擇轉身離去。

步驟1：**雙方輪流說出爭執時的內心感受**。你當時感到悲傷、憤怒、擔憂、寂寞、羞恥、受到忽略、想要自我防衛？或者也許你感到疑惑，無法控制自己？

步驟2：**雙方各自說出自己的觀點**，你是如何看待這次爭執，以及看待自己在爭執中實際的言行？記得，兩人眼中的現實情況可能截然不同，但是這其中沒有誰對誰錯的問題。要避免去爭論誰的記憶才正確無誤，而是認同對方眼中的現實。認同並不代表無條件同意對方的觀點。認同意味著說出類似這樣的一句話：「我了解了。從你的觀點來看，你會有這樣的感受是很正常的。」

重讀一次本書前面「傾聽到底是什麼？」，也許會有意想不到的幫助。訴說你自己的感受和需求，運用那些以「我」開頭的語句。別去描述對方做出或沒有做到的事情，盡可能避免指責和怪罪。別說「你那時候說了……」，說「我記得你那時候好像說……」前面那句話太過武斷，後面那句話則是暗示這只是你的觀點，不一定是正確無誤的事實，這樣就能夠留下談話的餘地。我們永遠都不可能有完美無瑕的觀點。

步驟3：**接受自己在爭執中所該負的責任**。也許你因為壓力過大或者心有旁騖，所以你沒有為伴侶騰出時間，或者你沒有好好地聽對方說話？想想你說過的話和做過的事，有哪些促成了這次爭執？避免怪罪對方，這是最重要的。在研究中，我們發現主動負起責任（即使只是溝通上的小問題），代表了修補裂痕的最好機會，效果奇佳。

步驟4：**討論彼此下次該如何改進**。當類似的事情再次發生時，你和伴侶可以怎麼做來讓情況改善？一起制定計劃，將傷害降到最低，並且避免未來發生同樣的衝突。

小活動2：

認識彼此差異的25種問題

我們列出了二十五個主題，代表了那些可能產生衝突的基本性格或生活習慣差異。生活習慣上的需求是建構一個人身分的基礎要素，也定義了一個人的日常樣貌。

這次演練提供了一個以全新的方式來了解伴侶的機會，你能夠探索關係中衝突的潛在來源。仔細檢視每一個主題，挑選出三到五個對你來說最重要的題目，然後寫下你對這些題目的想法。你認為這是目前關係中很顯著的衝突嗎？或者是可能造成日後衝突的種子？在這次約會上，你將會和伴侶討論這些話題，所以花上一些時間來思考與反省。有些夫妻會選擇演練所有的題目，並且寫下自己的感受。你可以採取你認為最合適的方法。

記得你最終的目標是了解伴侶的內心世界，並且為彼此創造出共有的人生意義。如果守時對你的伴侶來說非常重要，但你覺得守時就是遲到不要超過一個小時，你們就必須好好討論這個問題對彼此的重要性。在每一種強烈的情緒背後通常都有一段記憶或故事。準備好分享你們的故事，試著去理解和接受，這能夠讓你懷抱著同理心，巧妙地處理每一次的衝突。

試著以正面的態度思考自己的需求，思考在關係中你的渴望，而不是那些令你感到厭惡的事物。盡可能具體地描述這些正面的需求，讓對方知道這是和你相處的指引。舉例來說，別籠統地說「我希望你可以尊重我。」而是運用明確的敘述：「我希望你可以在晚餐約會時關掉手機，這樣我們就可以好好聊天。」

我們來聊天吧！

↓我們有哪些相同的地方，哪些不同的地方？
↓我們該如何調解並接受彼此的差異？
↓我們之間是否存在彼此無法接受的差異？

1. 生活習慣——乾淨整齊標準上的差異：其中一人可能生性愛整潔，喜歡將所有事物都整理得井然有序。另一人卻可能沒什麼條理，不介意生活環境有些雜亂無章。

2. **守時習慣上的差異：**其中一人總是準時赴約或者早到。另一人卻不在意時間，常常遲到。

3. **做事方式上的差異：**其中一人善於同時處理多項事務。另一人偏好一次專注在一件事情上。

4. **情緒管理上的差異：**其中一人善於表達情感，另一人則較為內向。或者其中一人對情感探索持正面的態度，而另一人認為實際的行動比沉溺在情緒中更為重要。

5. **相處模式上的差異：**其中一人希望能有更多自己的時間，而另一人希望相處的時間更長一些。這反映了兩人性格中想要獨立自主或互相依賴的基本差異。

6. **性愛頻率上的差異：**其中一人比另一人有更高的性需求。

7. **談論性愛時態度上的差異：**其中一人想要討論性生活，認為這樣能夠提高性愛的品質。另一人偏好不去談性，讓一切順其自然。

8. **財務管理上的差異：**其中一人處理金錢的態度較為保守，另一人則是懷抱及時行樂的哲學，喜歡一次花很多的錢。

9. 冒險精神上的差異：其中一人比較有冒險精神，願意承擔一些風險去探索未知的領域。另一人比較謹慎，希望在冒險之前能做好全盤的考量和規劃。

10. 對親戚態度上的差異：其中一人希望與親戚們保持距離，另一人卻希望和他們更為親近並保持聯絡。

11. 處理家務和照顧小孩上的差異：其中一人希望能夠平均分配家務，但是另一人不認同這樣的方式，認為這不切實際。

12. 討論歧見時的差異：其中一人喜歡開放地爭論，並且表現出情緒。另一人需要以較為理性冷靜的方式處理衝突，不願意太過情緒化。

13. 表達憤怒時的差異：其中一人喜歡自由地表達心中的不滿，也不介意接收對方的怒氣，也比較能夠很快地釋懷。另一人認為憤怒有潛在的毀滅性，而且是不尊重的表現，不希望它出現在任何互動中。但是後者卻更有可能會悶在心中，將對方的不滿視為針對個人而心懷怨恨。

14. 教養小孩上的差異：其中一人對小孩較為嚴厲，認為小孩必須表現出尊重的態度。另一人強調同理心和理解，在情感上和小孩較為親近，也給予小孩更多的自由。

15. **處理悲傷時的差異：**其中一人習慣去忽視自己的悲傷或沮喪，以行動去展現「日子還是得繼續過下去」的態度。另一人希望能夠談論悲傷的情緒，希望對方能夠保持同理心地傾聽自己。

16. **活動力上的差異：**其中一人喜歡動態的活動，另一人則偏好靜態的娛樂。

17. **社交習慣上的差異：**其中一人比較外向，善於結交朋友，且活躍於社交場合中。另一人喜歡享受孤獨，覺得與別人相處是一件吃力的事情。

18. **掌握權力和影響力上的差異：**其中一人喜歡掌控一切，主導所有重要的決定。另一人認為雙方的權力應該要對等。

19. **事業野心和工作態度的差異：**其中一人比較看重工作，也有更大的事業野心。另一人比較在乎家庭生活的品質，更重視和伴侶享有快樂的時光。

20. **宗教信仰上的差異：**其中一人比另一人更重視心靈活動，在宗教上也更為虔誠。

21. **藥物和酒精使用上的差異：**其中一人對於娛樂性用藥和飲酒比另一人抱持更開放的態度。

22. **獨立自主上的差異：**其中一人需要更多獨處的時間，另一人比較喜歡與別人相處。

23. 生活需要刺激上的差異：其中一人比另一人更需要在生活中感受到刺激或者熱愛冒險。

24. 對伴侶忠誠上的差異：兩人之間對於身體上和情感上的忠誠有不同的認知。

25. 生活態度上的差異：其中一人生性較為嚴肅，不太在意生活中的情趣。另一人則是生性活潑，喜歡各種笑鬧。

本章精華

↓衝突必定會出現在每一段關係和婚姻中。認為只要永遠保持和諧就能擁有幸福的關係，這是一大迷思。

↓關係中的衝突隱含著正面的目標。這是你能夠透過對話和努力來更了解伴侶並且提升親密度的機會。

↓衝突可以歸類為兩種：

- 暫時性問題帶來的是情境式的衝突，背後往往並沒有深層的意義。
- 永久性問題是與雙方人格和生活風格上的基本差異有關。所有夫妻和情侶都經歷過永久性問題帶來的衝突，這在所有案例中有高達六九%的比例。
- 永久性問題可能會讓一段關係陷入僵局。當你和伴侶感覺受到批判、拒絕或否定時，這可能就代表你們的關係進入了停滯不前的狀態。

↓以探索和好奇的態度來面對彼此的差異，而不是想要去糾正對方。懷抱真誠去了解衝突背後的故事。

約會提點：

我們該如何調適並接受彼此的差異？

對話主題：

我們該如何管理衝突？我們有哪些地方相同，哪些地方不同？我們該如何調適並接受彼此的差異？

事前準備：

複習前面的話題和你在演練中做出的答案。回想你在本章節讀到哪些重點，有哪些想法曾經幫助你管理衝突，或者能夠在未來幫助你管理衝突。

地點：

由在上一次約會中沒有擔任規劃工作的伴侶，來負責這一次的約會地點。本次約會同樣也需要一個可以私密交談的空間。找一個能夠讓你們心情平靜的地方，重訪你們過去曾經共度美好時光的地點也是一個不錯的選擇。

建議：

你們可以在喜愛的公園或海灘野餐，或者甚至就在自家的後院。如果你們選擇在餐廳邊用餐邊談，注意要有足夠的時間和隱私。下午茶也許比晚餐更為適合，因為在這個時段彼此應該都不會太過勞累。

在家約會：你也可以選擇以在家附近散步的方式來進行這次約會。如此一來，就算你們的對話不太順暢，也依然有繼續走下去的感覺；即使意見相左，你們也是朝著同一個方向前進。在散步時，記得牽著對方的手，尤其是在談到彼此的差異時。在討論如何管理衝突時牽著手並肩而行，這會帶來意想不到的效果。

小叮嚀：

記得在前面的演練中你所選擇的差異主題，準備好說出這些問題，並且以開放的態度聆聽對方的回答，然後一起討論。

如何預防摩擦：

↓別把對方塑造成壞人。在健康的衝突中，沒有誰輸誰贏，有的只是理解和接受。
↓無論你們之間有多大的差異，向伴侶傳達你願意接受對方性格的真誠心意。
↓別逃避衝突，因為逃避會在兩人之間製造出距離感。
↓別評論或批判你的伴侶，也不要認為對方的觀點是錯的，而是互相認同雙方看待事情的角度。
↓當「令人後悔的言行」發生時，運用前面提到的四個步驟來修補爭吵造成的傷害。
↓熱愛伴侶真實的樣貌和自我。
↓弄清楚哪些是暫時性問題，哪些是永久性問題。並不是所有衝突都能夠（或者需要）被徹底解決。

可以深入討論的問題：

在本章節開頭關於接受和理解的演練中，選出你認為需要關注的話題，與伴侶進行討論。一些參加本次約會的夫妻選擇探索每一項議題。你們可以輪流擔任說話者和傾聽者的角色。在傾聽對方說話之前，就你們認為可能是衝突來源的每一項議題都提出以下三個問題：

1. 這件事對你來說很重要，背後的意義或故事是什麼呢？
2. 這件事背後是不是有關於你個人過去的一段記憶？或者與你成長的家庭有關？
3. 你對這件事情的看法背後是不是有更深層的意義或目標？

關於衝突的其他問題：

1. 在你生長的家庭中，家人是如何處理衝突的？
2. 你對於憤怒的看法是什麼？在你生長的家庭中，家人都如何表達憤怒？
3. 當你感到憤怒時，我該如何幫助或支持你？
4. 在發生歧見或爭執後，你會想要怎麼修補我們之間的關係？
5. 在經過這次演練之後，有哪些關於你伴侶的事情是你之前所不知道的？

確認我們會繼續共享彼此的未來：

輪流大聲唸出以下的聲明。在唸誦時，記得保持目光的接觸。

我承諾會全心全意地接受你，並且擁抱彼此的差異。當我們之間發生衝突時，我會努力去了解你對於這件事的感受和觀點，並且會盡力處理我們的爭執。如果我們有人訴諸「令人後悔的言行」，我會試著以我們討論過的方式來修補爭吵造成的傷害。

DATE 3

我們上床吧！：性愛與親密感

「老實說，我們第一次約會就上床了！」

卡特雅和伊森結婚快一年了，兩人在同一家科技業公司上班，工時都很長。「你通常不會覺得工程師和念電腦科學的人特別性感，」卡特雅說，「但我真的很喜歡聊性！性話題對我來說一點都不會不舒服。我想這是遺傳自我的祖母吧。她隨隨便便就會聊到口交之類的話題。我一直都認為這很正常，直到我認識伊森。」

伊森在一個比較保守的家庭中長大。不過這其實是一個很委婉的說法。「我十七歲的時候，曾經和爸媽談過性，」他說。「那感覺真的超怪的，我爸只是跟我說你還小，需要受到保護。我看得出來他很不自在，這讓我也覺得很尷尬。我一直到二十歲都還是處男。我爸媽總是盡可能避開這個話題。我的意思是，他們生了我和我的兩個兄弟，這大概是唯一一個他們能和性拉上關係的地方吧。就算他們有做愛，也都是安安靜靜地在房間裡。我們住的房子很小，我也從來沒有看過他們在臥房外有比較熱情的互動。也許他們偶爾會親吻一下，但是看起來一點激情都沒有。」

對卡特雅來說，這場關於做愛的約會是一個能夠透過上床了解彼此共同好惡的方式。「這是一個能夠真正談話交流的情境。這許多問題都是由不了解我們的人想出來的，而在床上時我們能夠真正去討論到切身的問題，讓我們真正變得親密。」

在卡特雅和伊森剛開始約會時，他們就已經有了很好的化學效應。

「這感覺真的很棒，」卡特雅說，「我還滿驚訝的，因為他看起來就是個認真唸書的乖乖牌。他真的超宅的，但不知道為什麼我覺得這樣很性感。我們一起去健行的時候，整趟路下來我只想跳到他身上。他對我的吸引力強到我幾乎沒在聽他說話，而他自己也沒有意識到這一點。我其實有點害怕，因為我之前從來沒有過這種感覺。」

「我知道，」伊森說。「妳那時候整個被我迷住了。」

「這樣的吸引力其實讓我等待了更久才和伊森上床。我心裡很清楚他就是我想要的對象。我們足足等了一個月，因為我們幾乎整天都會相處，這一個月感覺起來更長。我知道他不只是一個約會對象或男朋友，而會是真正改變我一生的人。我喜歡這一整個月滿滿的期待感，這就好像是一段漫長的前戲。而當我們最後終於上床時……天啊！那感覺好像擁有了全世界。」

> 這場關於做愛的約會是一個能夠透過上床了解彼此共同好惡的方式。

「我不喜歡去想卡特雅以前有過的許多男人。她在性方面比我有經驗得多，一開始我不太能夠適應。我總是會想，她是不是希望我在床上做一些我自己根本想像不到的事。我平常不太看A片，也從來沒讀過關於性愛的書籍。性真的不是我熟悉的領域。如果性愛跟程式語言一樣，那對我來說是輕而易舉，但事情卻不是這樣。在我眼中，女人充滿了神祕感。一直到現在，卡特雅對我來說還是像謎一般。」

「你是說我，還是我的陰道？」

「兩者都是！」伊森笑了。「你看吧，這就是我常常說的。卡特雅可以毫不拘束地談性，我現在也喜歡這一點。這讓我的心胸更開放，也感到更自在。如果你對我爸說『陰道』這個詞，他八成會暈過去，我一點都沒有誇大。

「這對我來說有點像是角色互換。因為一般的刻板印象是女人都是純真無邪，由男人來帶領她們探索性愛。但我喜歡妳教我性方面的事，或者告訴我妳想要我怎麼做。我知道這對妳來說不是那麼容易，因為妳得不斷提醒我該做什麼或不該做什麼，但我很想知道怎麼樣才能讓妳最感到興奮。」

「你的一切都讓我很興奮。」

「妳嘴真甜，但是我真的很想知道具體的細節。我希望我可以像妳一樣談論關於性愛的任何事。我不知道妳是不是有任何幻想，我很想要替妳實現這些幻想。我說真的，任何事我都願意做。」

「任何事？」

「任何事！」

葛蕾絲和米亞是一對未婚的同性情侶，目前交往了一年多。當她們參與這場關於性愛與親密感的約會時，她們已經在考慮是否要繼續一起走下去。

「我們兩人有時候一週得工作七十個小時，所以晚上我們都累得沒有力氣做愛，只能一起睡到天亮。但是我們有努力想改善這樣的情況，」葛蕾絲說。「以前我們一週可能會做三四次，但是現在我們頂多只是抱抱然後就睡死過去。」

「妳不喜歡這樣嗎？」米亞問。

「如果我們每週可以至少一次，我覺得很OK。我會試著一週只工作五十個小時。妳說呢？」

「如果我們兩週沒做，」米亞笑著說，「那我們就得談談了。」

「如果我們真的停機這麼久，我也一定會找妳談談。」

葛蕾絲和米亞很自在地談論彼此在性方面的喜好。「我們試了很多種新體位和角度，」米亞說。「這很好玩。我喜歡放慢節奏，去好好感受，真正地結合在一起，這讓我感到被愛。我也喜歡當我們在做愛的同時妳告訴我妳愛我，這讓我覺得我是全世界最幸福的人。」

米亞和葛蕾絲都很在意頻率的問題。除此之外，葛蕾絲也提到創新的重要。「有時候我會覺得有點千篇一律，所以會想要嘗試一些新花樣。」

「像是什麼呢？」

「例如結合瑜伽和性愛。像是那種把身體倒吊起來的特技瑜伽。我想要在性愛裡添加更多心靈上的元素，交流彼此身體裡的能量。我覺得這很有趣。」

「我都不知道妳想玩這個。」

「我們兩個柔軟度都不錯，一定會很好玩。就算最後一起摔得鼻青臉腫，至少我們有嘗試過！」

「這一定會讓大家笑死！」

馬修和艾琳交往九年，結婚三年，現在已經有了一個九歲大的小孩。「現在實在很難騰出時間和精力，」艾琳說。「我很想念以前可以無拘無束做愛的日子。我特別喜歡某次放假時我們在海灘上做的那次。」

「老實說，那是一個公共場合，雖然我們倆泡在水裡，」馬修說。「我不曉得旁邊的人知不知道我們在做什麼，但這讓我們更興奮。」

「那次真是太棒了，」艾琳說。

馬修接著說，「我猜我是想要讓妳感到更自在。這就是有了小孩之後會發生的情況，我希望我們能重溫以前沒有拘束的性愛生活。但我也知道妳常常很累，照顧小孩需要很多的時間、注意力和體力。」

艾琳問，「所以你覺得我忽略你了嗎？」

「不是忽略，」馬修回答，「我很明白成為父母必須付出和犧牲。不過我確實很想念以前那些親密的時光。」

「我也很想念。我想是因為哺乳的關係，有時候我不想要任何人碰我，尤其是我的乳房。而且我現在對自己的身體沒有那麼自信。但我也不希望我們之間的親密感消失。有時候我覺得能夠抱在一起，互相給予安慰，那就很足夠了。那對我來說就是很性感的時刻。我們太晚才生小孩了，所以我常常會很疲憊。我應該在二十四歲時就生小孩，而不是三十四歲！」

「妳現在還是很美。我會試著幫上更多忙，讓妳有更多的時間休息。」

「然後做更多愛？」艾琳笑著說。

馬修也笑著回答，「如果可以的話，我也不反對。」

「我覺得談論我們經歷的改變很有幫助。有時候我會擔心你是不是會離開我，去找一些活力十足的年輕女人，一天做四次愛。」

「妳在開玩笑嗎？」馬修說。

「對呀，不過會有這種想法可能也是荷爾蒙作祟。」

「不做愛對我來說沒關係，但我還是希望能有像愛人一樣的連結，而不只是一對父母。我想要和妳親吻調情。我希望聽到妳說我有多帥多性感。我絕對不會離開妳去找一天能跟我做四次的年輕女人，我保證。」

「反正你找到的很可能是個壞女人。」

「很有可能，」馬修笑著說。

艾琳想了一下。「不如讓我們約定，我們在白天相處的時候要讓彼此更感到被愛，做不做愛倒是其次，這樣我就不會覺得有太大的壓力，好像我在性愛方面一直讓你失望。也許你可以常常傳訊息給我，讓我覺得自己不只是一隻大母牛，更像是當時在海灘上的那個艾琳。」

「我可以用色色的訊息挑逗妳！」馬修笑了。

「啊！你看，這好像真的挺有效的。」

對那些與我們分享「性愛與親密感」約會對話的夫妻來說，幽默扮演了很重要的角色。談論性愛不一定會讓人感到不舒服或尷尬，也不需要太過嚴肅。放鬆心情，以誠實的態度來進行對話。

其中一對已經訂婚的情侶選擇在完婚之後才發生關係。即使兩人還沒有做過愛，他們的談話過程依舊充滿笑鬧，而且也認為談論性愛帶來不小的啟發。

「這很好玩，我們談到一些之前一起做過的事，那些帶點性暗示和挑逗的互動。雖然我們拒絕婚前性行為，但這不代表我們就像和尚那樣禁慾。輕鬆地談性是一個紓解壓力的好方法。在結婚之前維持這樣的對話我覺得很棒。我們比較在意的是，之後我們會多久想要一次。在這方面我們一點概念都沒有。」

正常的性愛頻率代表找到自己的節奏

我們總是會想知道其他夫妻或情侶的情況。他們很常做愛嗎？我們的性生活和他們的比起來如何？如果性愛對我們來說不重要，該怎麼辦？或者我們該選擇禁慾的生活？如果我們不常做愛，或者性趣缺缺，這代表我們的關係註定會失敗嗎？如果我們有一些奇特的性幻想，或者想玩角色扮演，那該怎麼做？如果我們想嘗試口交或肛交？在一段長遠的關係裡，怎樣才算是正常的性愛頻率？

其實所謂的「正常」，代表的是最適合你和伴侶的節奏和模式。不過我們還是可以參考一下整體的數據統計。根據芝加哥大學的研究，八〇%的夫妻或情侶在一個月內會做至少一兩次愛，其中有三二%的男女一週做兩到三次，四八%的男女一個月做一到兩次。許多人認為性行為一定是浪漫氣氛下的產物，在燭光和輕柔的音樂聲中兩人可以悠閒地做上好幾個小時。這也是一大迷思。

在現實生活中，一對男女偶爾會有一段長時間的性愛，但是在較常見的情況下，性行為都是很快就結束。許多人也會懷有一些性幻想或想要嘗試角色扮演和性玩具，甚至一些你無法想像的做愛方式。就像我們說過的，只要你和伴侶覺得舒服，這些都很正常。隨著一段關係的演進，性生活也會跟著改變，比如說在小孩出生之後、年紀漸長之後，或者生病的時候，一切都會變得不同。這些變化再正常不過，所以不必擔心。

在開始一段關係或婚姻時，如果你想著每天都要做愛，那你們之間很可能會走向失敗。最重要的就是找到合適的節奏。生命力的自然湧現很重要，而兩人之間的「性福」就是衡量生命力的最佳指標。

我們都希望在關係中維持激情和連結。床笫生活能夠加強彼此的羈絆，但也有可能會造成毀滅。很重要的一點是，不要將性愛放在「代辦事項」清單的底端。性愛不應該是筋疲力盡工作一整天之後所要盡的最後義務。有許多方法能夠確保你們擁有美妙的性生活。

由克莉絲安娜・諾斯露波、貝波・史瓦茲和詹姆士・威特所合著的《幸福伴侶的快樂習慣》（*The Normal Bar*）呈現了一項愛情與性的大規模調查報告，包含了來自二十四個國家七萬名受訪者。這項調查的結果顯示，那些擁有性福的夫妻通常會有以下的行為：

↓每天都真誠地對伴侶說「我愛你」

↓常常給伴侶驚喜的浪漫禮物

↓常常讚美伴侶
↓規劃浪漫旅行
↓互相搓背
↓毫無來由地熱吻對方（在喜歡做愛的夫妻中，有八五%有熱吻的習慣）
↓在公開場合曬恩愛
↓每天都熱情地摟抱和愛撫（擁有性福的夫妻中，只有六%沒有這個習慣）
↓每週都有一次約會。流程包括盛裝打扮、外出共進晚餐、按摩和做愛
↓對各種不同的性愛活動保持開放的態度
↓追求情緒上的連結和共鳴

這項調查更進一步指出，夫妻和情侶越熱衷於以上的活動，他們的性生活就越幸福。在性福排行榜上的國家裡，西班牙和義大利分列第一和第二名。總體來說，擁有美滿的性生活並不困難，但是你必須能夠開口談論性愛，並且把性愛擺在關係中的優先位置。

為人父母後的性生活

根據加州大學洛杉磯分校史隆家庭生活研究中心（Sloan Center for Everyday Life of Families）一項針對雙薪家庭的研究，育有年幼孩童的夫妻通常沒有太多的時間相處。就像馬修和艾琳，這些夫妻在夜晚只有十分之一的時間能夠獨處；通常父親會待在自己的房間，母親則是陪著小孩。這項研究也顯示，雙薪家庭裡的夫妻一週平均只會有三十五分鐘的交談時間，而且大部分的談話內容都和工作有關。所以許多夫妻最後都不再進行那些能夠維繫幸福關係的浪漫活動。他們不再騰出時間一起享受生活，也不再送些浪漫小禮物或者出去約會。所有能夠維持浪漫關係中激情和活力的行為全部停擺。他們的生活變成一長串無窮無盡的工作事項，陷入單調沉悶的漩渦之中。

這不一定會是你在擁有小孩之後的光景。一對夫妻能夠給予小孩最珍貴的禮物就是一段充滿愛的關係，讓小孩能夠從中學習與成長。能滋養小孩的不只是父母對他們的愛，還有父母之間對彼此的愛。

開口談性的伴侶，更性福

這場約會的主題就是討論你們的性生活，創造出屬於你們獨一無二的儀式和連結。

在這之前，你們必須先做到開口談性。研究顯示，那些能夠以開放的態度談論性愛的夫妻通常有更高的做愛頻率，而且在這些關係中女方能夠得到更多的性高潮。談論性愛對夫妻或情侶來說可以達到雙贏的效果。

不過呢，就算許多人認知到談論性愛能夠提升性生活的頻率和品質，對他們來說開口談性依舊不是一件容易的事。只有少數夫妻慣於開放且無拘束地談性。但這是一項你可以學習的技巧。和伴侶談性的重點在於，你必須專注在你的感受和喜好上。「我喜歡你摸我這裡……你這樣做的時候我好舒服……」對女性來說，表達自己身體的反應是非常重要的，因為研究顯示，在性愛的過程中男性時常需要引導。男人希望為對方帶來愉悅，希望在身體上滿足對方，而他們必須知道該怎麼做到。

另外一個重點是，挪出額外的時間和地點來討論某一種做法。你絕對不會喜歡做到一半時突然停下來聽對方的「建設性批評」，你的伴侶也一樣。我們研究中的一對夫妻喜歡在事後做一次「性愛檢討」，這通常發生在隔日早晨喝咖啡的時候，或者甚至一起出門辦事的時候。「我們會說到彼此的喜好，還有下次做的時候要嘗試的新花樣，可能是一些新奇的動作或玩具。任何事情都可以。就算我們現在沒在做愛，這樣的談話還是能讓我們覺得很性感。」

這對夫妻在談論彼此喜歡的方式時都維持一貫的幽默感，在對話的過程中保有正面的態度，從來不會有負面的批評，只談到他們感到舒服的部分。本書中所有對話都要求你們坦誠相對，以開放的心胸向伴侶揭露自己脆弱的一面。這可能會讓你感到不自在。談性會將一個人的脆弱面帶到另外一個層次。也許對許多人來說，情感上的暴露比赤身裸體要更為困難，但是如果你希望建立一段長久的關係或婚姻，你們就必須揭開一切的偽裝。

如何開口談性愛？

研究顯示，有七〇％的男女在向對方索求時會採取較隱晦的語言策略。通常直接的說法會類似「嘿，親愛的，我們來做愛吧。」「我想做愛。」或者「你想做嗎？」但只有三〇％的夫妻和情侶會使用這樣直截了當的語句。

大部分的人會以一些肢體動作來暗示心中的渴望，例如碰觸、摟抱或者親吻，並且以我們稱之為「維護顏面」的方式來進行。確切地說，他們會以上述這些動作來試探對方的反應，然後再繼續相應的動作。這是一個測水溫的方式，避免遭到對方直接拒絕。沒有人喜歡被拒絕的感覺，特別是當他滿懷激情、性慾高漲的時候。在一段關係逐漸成熟之後，求愛的語言和動作會越來越直接。這是一件好事，因為只要我們能夠對自己的慾望和情感誠實，就更不會誤解或傷害對方。

在一般的情況下，男人和女人求愛的方式大不相同。我們說「一般的情況」，因為凡事都有例外。我們也要在此申明，我們所引用的研究包括了男同性戀和女同性戀夫妻或情侶，但是並沒有納入跨性別伴侶。整體來說，我們引用的研究主體還是以異性戀為大宗，我們也希望未來能夠改變這樣的情況。

想色色的事：通常男性比女性更會想到關於性愛的事。有五四%的男性每天都會想到性，女性的比例只有一九%。

想要的頻率：在關於夫妻性生活的研究中，我們發現，男性認為每週四到五次才是理想的狀態。女性則是認為一到兩次就足夠。

性幻想：男性的性幻想通常較為具體、直接。女性則比較會有浪漫化的性幻想。

自慰：青少年男性的自慰頻率比女性要高，此一現象持續到成年期。

性愛的前提：一般來說，男性喜歡透過性愛來達到情感上的聯繫。女性則是認為情感的聯繫是性愛發生前的條件。幾乎有九成的受訪情侶認同以上這個現象。我們認為女性通常對性愛有更多的顧慮和要求。這些前提不一定侷限於情感上的聯繫；有時候這和身體上的疲勞、專注力，或者對自己的身體缺乏自信有關。很有趣的是，研究資料顯示男同性戀情侶有最高的做愛頻率，換句話說，他們最不需要任何前提或條件。反之，女同性戀的性愛頻率最低，對於性愛有更多的顧慮。對女性來說，性慾就像是生活的晴雨表。如果她感到休息不足、心情不佳、身體不舒服或者沒有得到應有的情感關注，她就不會想要做愛。

接受求愛：雖然女性對性愛預設了更多的條件，她們接受伴侶索求的機率和男性一樣高。心理學家珊德拉・拜爾斯和拉瑞・海茵萊恩記錄了受試男女的性生活，然後發現男性和女性接受對方求愛的機率都是大約七五％。所以無論是由誰提出索求（研究顯示由男性提出的頻率較高），得到正面回應的機會幾乎是相同的。這聽起來很神奇，對吧？畢竟我們都很害怕遭到拒絕，但事實告訴我們，根本不必太過擔心對方會說不。

接受拒絕：如果你的伴侶不想要做愛，最重要的是不要認為這是針對你個人。在一段幸福的關係中，如果伴侶當下沒有處在適合上床的情緒裡，另一人也不會為此生氣或產生自我防衛的心理。根據我們的研究，當其中一人想要做愛時，另一人完全沒有心情上床的機率高達四成。在一段成功的關係裡，善加處理對方的拒絕是非常重要的。在無法做愛的時候，尋找其他維繫情感的相處方式。事實上，那些以平常心和正面態度面對拒絕的夫妻在未來做愛的頻率上，要遠高於那些因為對方拒絕上床而心情受影響的夫妻。回應拒絕的好方式是避免將對方的「不」視為雙方連結斷裂的跡象。你可以這樣回答：「謝謝你告訴我你現在沒心情。可以告訴我你在煩惱什麼嗎？你想不想出去散散步？一起看電視？或者讓我們抱一抱聊聊？還是你希望一個人獨處一下？」最重要的是，別因為遭到拒絕而怪罪對方，也不要因此而生氣或抱怨。根據研究結果，男性比女性要更難以接受求愛遭拒，因為性慾是維持男性陽剛氣概的一大要素。更有另一項調查指出，許多男性寧願被公司炒魷魚，也不想要看到伴侶對自己性趣缺缺。如果除了性愛之外，你們沒有其他的肢體接觸、挑逗或者親密的連結，你們的性生活很可能會一蹶不振。如果你和伴侶之間發生我們在前面章節提到的距離感和衝突，你們的性生活也同樣會受到影響。如果你們缺乏身體上和心理上的安全感，或者你們之間有一人覺得受到忽視，這也會影響到性生活的頻率和品質。探索並理解伴侶的內心世界，將會讓你們擁有美滿的性生活。

親吻能帶來激情

如果想要在一段關係裡激情不斷，你可以採取一個簡單的方式：親吻、很多的親吻、不斷地親吻。在每一次見面和分別時都送上一個吻。我說的可不是那種你在家人臉上不到半秒鐘的輕觸，而是那種會讓路上行人臉紅、長達六秒鐘的深吻。當你們激情熱吻時，身體裡會產生如湧泉般的荷爾蒙效應，神經遞質（neurotransmitter）也會釋放多巴胺和催產素，這兩種物質都會產生極大的快感。如果你認真地親吻，你的血管會擴張，腦部會接收到額外的氧氣。你的瞳孔也會跟著放大，臉頰湧起紅暈。

人類的嘴唇是最暴露在外的性感帶，連結到腦部的大片區域。一個美妙的吻會點亮整個大腦，啟動十二對腦神經中的五對。更重要的是，在你們見面和分別時，這雙唇交疊的六秒鐘會讓你們與外在世界隔離開來，重新進入你和伴侶一起建立的兩人世界。透過這短短六秒鐘，你們就能告訴彼此對方有多麼重要，讓對方知道你是他一生的選擇。

我們在前面提過，在那項包括二十四個國家七萬名受訪者的大規模研究裡，毫無來由地熱吻是擁有美好性生活的金鑰。雪莉兒・克薛鮑爾的著作《親吻的科學》（*The Science of Kissing*）引用了一項進行長達十年的德國研究。該研究發現，在離家工作前會與妻子吻別的男性平均壽命比那些沒有這個習慣的男性要長五年，收入也高上二十個百分點。

另外一個維繫熱情的方式，就是適時地用言語表示對彼此的喜愛、情感和感激。僅僅在心中想著伴侶的優點是不夠的，你必須用語言表達出來。感謝他為你做出的努力，欣賞他的吸引力、智慧及知識、工作、技能和幽默感，或者其他一切讓你感到喜愛和欽佩的特質。

愛情實驗室在公寓實驗中發現，那些擁有美滿關係的夫妻在日常相處時，正面語言與負面語言的比例是二十比一。這項數據意味著，如果你對伴侶的某次言行翻了白眼，你就必須以二十倍的正面舉動來彌補這次傷害。當伴侶需要關注時，你就必須滿足這項需求。你可以關心他今天過得如何，並保持目光的接觸。你可以和他談談他目前承受的壓力；耐心去聆聽、去認同他遭遇的困難和付出的努力。每一次的相處都是一次更深入了解對方和提升親密度的機會。

當兩人不在一起時，傳一些愛的簡訊，打通電話或寄電子郵件調情一下。讓伴侶知道你無時無刻不想著他也愛著他。這些小小的舉動能夠讓你善用零碎的時間來維持夫妻在臥房之外時的連結，這比關上房門嘗試一些古怪花招要有用得多。花時間去規劃約會，每一天都對你的伴侶有更深的了解，試著創造出屬於你們的獨特儀式。性愛應該是心靈和情感的投入，身體的接觸反而不是最重要的。相信我，這些愛的小動作和浪漫儀式能夠讓你們對彼此的愛慾與日俱增。

本章精華

- 親密的浪漫儀式能夠維持兩人的連結，讓關係充滿熱情和幸福。
- 能夠開放地談性的夫妻或情侶做愛的頻率較高，女方也較容易達到高潮。
- 對大部分的夫妻和情侶來說，談論性愛並不容易。但越努力去嘗試，你們就越能自在地討論這個話題。
- 談性的最佳時機不是做愛做到一半的時候，而是平常在臥房外的時光。
- 告訴伴侶你喜歡他怎麼做，或者你最感到舒服的部分。別去指責對方做得不對的地方。
- 八〇%的夫妻或情侶每月會做一到兩次愛。所謂「正常」的頻率就是你們認為最合適的頻率。
- 已婚的情侶比未婚或同居的情侶有更高的做愛頻率。
- 在一段關係中，會扼殺性趣和熱情的有：
  - 除了性愛本身以外，缺乏肢體接觸、挑逗和其他親密的連結。

- 掛念許多工作或家務上的待辦事項。
- 情緒上的距離和激烈的衝突。
- 缺乏情緒和身體上的安全感。
- 疲勞與壓力。
- 受到忽略的感覺。

約會提點：

不帶批判地討論浪漫、親密、性愛

對話主題：

與伴侶一同探索並討論浪漫情事、性愛和身體上的親密感。

事前準備：

複習你在本章節所讀到的內容，思考在關係或婚姻中，你希望性愛與激情是用什麼樣的面貌呈現。你會創造出哪些儀式維繫？如果性愛對你來說難以啟齒，試著探索原因何在，並且做好談論的心理準備。關於談性的方式並沒有所謂的對錯，一切都是從鼓起勇氣說出內心的想法開始。

地點：

關於這次約會的地點，你可以選擇在你們最愛的浪漫餐廳裡來一場燭光晚餐，或者尋找另一個有私密空間的公共場所，例如海灘上的小洞穴或公園的隱密角落。這次對話的主題是親密度、性愛和浪漫情事。你是否能找到一個能營造出浪漫親密氣氛的地點？在約會之前，你也可以嘗試做一些肢體運動，例如舞蹈、瑜伽或簡單的伸展，讓身體更能融入約會的氛圍。

建議：

這場約會應該要充滿浪漫和誘惑的氣息。如果要外出，記得換上會讓伴侶覺得性感的打扮。如果你不知道怎麼穿，開口問你的伴侶。你甚至可以直接請對方為這場「性感約會」幫你挑選衣服。

這次對話的重點在於展現出身體的吸引力。當你們專注在談論身體上的親密度時，當下的身體反應也非常重要。當問答進行到一半時，可以暫停下來檢視彼此的身體狀態。心跳是否加速？呼吸緩慢或急促？是否感到性興奮？慢慢地檢視自己的全身上下，不要錯過任何一個有反應的部分。

在家約會：如果你們選擇在家裡進行這場約會，做好獨享整個空間的安排。你們可以在客廳裡或床上裸聊。如果你家有景致優美的庭院或花園，也可以考慮在那裡進行對話（但可能就得穿上衣服）。

小叮嚀：

你應該保持開放的心胸，願意對伴侶呈現出脆弱的一面。在交談時，試著說「你說的沒錯，而且……」而不是「你說得沒錯，可是……」前者代表你接受伴侶所說的為真，並且以即興發揮的方式繼續拓展對話並理解對方。後者的「可是」等於是否定了對方所分享的任何想法。如果談性對你來說真的很困難，你可以試著在約會前寫下你閱讀本章節的心得想法，然後唸給伴侶聽。

如何預防摩擦：

↓在談論性方面的喜好時，避免模糊的描述，盡可能詳盡且具體。說出你喜歡的地方，別去提起你不喜歡的部分。

↓千萬不要拿你和前男（女）友的性經驗來和現任伴侶做比較。

↓運用能讓雙方感到自在的語言、以開放的態度來談論身體構造和性行為。

- 以開放的眼光來看待任何會讓伴侶感到興奮的事物，別批判對方所懷抱的性幻想。
- 如果在約會結束之後，你的伴侶沒有心情做愛，接受對方的感受，表達出愛意和關心。別因為求歡遭拒而生氣。

可以深入討論的問題：

輪流提出並回答以下的問題：

1. 回想一下我們過去的做愛經驗：你最喜歡的是哪一次？在哪一次上床時，你最喜歡哪一個部分？
2. 什麼會讓你感到興奮？
3. 我該如何讓你更激情？
4. 你最喜歡我用什麼方式讓你知道我想做愛？
5. 你喜歡我觸碰你哪裡？你喜歡我怎麼觸碰那邊？
6. 你最喜歡做愛的時間是什麼時候？為什麼？你最喜歡哪種體位？
7. 你是不是想要嘗試一些新事物，但一直沒有開口問我？

8. 你希望我們多久做一次？
9. 我該怎麼做才能夠提升我們的性生活？

確認我們會繼續共享彼此的未來：

輪流大聲唸出以下的聲明。在唸誦時，記得保持目光的接觸。

我承諾會創造出屬於我們的浪漫儀式。我承諾在平常時會不斷表達對你的情感和愛意，提升對彼此的熱情。我答應你在每次見面或道別時，我都會給你一個長達六秒鐘的吻。我保證會與你討論、探索並且增進我們的性關係。

DATE 4

愛情的代價：工作與金錢觀

亞當和崔佛結婚兩年多，但已經同居達五年之久。他們決定要進行本章節的約會，因為打從他們第一次約會以來，金錢就一直是問題所在。亞當習慣事前做好計劃，非常執著於提前準備好至少六個月的房租和其他支出，以備不時之需。相反地，崔佛認為多出來的錢，就是該花在令人開心的事物或者一生難忘的體驗上。

「人生苦短，」崔佛說，「誰知道呢，也許你明天就不在我身旁了，所以為什麼要等待？人生清單不是我的風格，及時行樂才是。」

在剛開始交往的前幾年裡，關於金錢的衝突似乎不難解決。每一個月兩人會將一半收入按照亞當的意思儲蓄起來，另一半收入則是讓崔佛去安排種種刺激的週末活動，例如划船或鋼索飛行。然而，當亞當收到一筆小遺產之後，原本微不足道的金錢歧見就演變成了爭吵。

「這是生活預算以外的金錢，所以存起來才是正確的做法，」亞當說。「但是崔佛想要去旅行。我們一直都很想去東南亞玩，但我們負擔不起這樣的旅遊。更別說我們現在都是從事自由接案的工作，如果出去玩，我們花費的不只是現有的錢，還有原來的收入。」

「這是天上掉下來的禮物，」崔佛想的截然不同，「這給了我們機會去完成長久以來的夢想。但我不能逼迫亞當同意我的觀點。而且那畢竟是他的遺產，我只能盡量提出我的看法去說服他。」

「他為此感到很不開心，」亞當說，「這對我來說很嚴重。這筆錢是我的，當然我們總是共享一切。但我實在無法理解，為什麼他不能將這筆錢視為累積更多財富的機會，一筆我們在需要的時候能依靠的財富。我也很想去旅行，只是我無法捨棄那麼多工作時間。我覺得這樣的風險太大了。」

當他們開始探索金錢對彼此的真正意義時，一切都改觀了。崔佛的父親很早就過世，僅僅得年三十五歲。「我的父母常常說要帶我們出去旅行和冒險：『有一天我們會去迪士尼樂園玩』、『有一天我們會去夏威夷』。但是這些話從來沒有實現過。父親去世時，這些空話也隨著消失。那些『有一天』永遠沒有到來的時候。在垂死的病床上，你後悔的不是那些和所愛的人一起創造的回憶，而是那些你不能為他們做到的事。」

亞當的父母則是不知儲蓄為何物。「當時我爸失業，家裡陷入困境。他沒有任何存款能夠依靠。我們咬牙苦撐，但不能為家人帶來溫飽對他來說是一大打擊。我和妹妹年紀還小，就已經開始工作。那時候我才十四歲，妹妹才十二歲。我們什麼都做，只要能夠賺錢來支付房租和餵飽大家。那是一段艱苦的日子。後來我爸終於找到一份好工作，賺了不少錢。但我那時候還是對他不儲蓄而讓全家吃苦感到生氣。現在他總是問我有沒有在存錢，如果突然失業的話有沒有任何備用計劃。我從他那邊繼承了這份恐懼和憂慮。這筆來自祖父的遺產對我來說意義重大，所以我必須善用它。」

在亞當和崔佛分享彼此不同的家庭故事，並且理解金錢和儲蓄對他們的真正意義之後，關於這筆遺產的衝突也隨之緩解。亞當同意了東南亞的旅行，而崔佛則是建議他們只動用十分之一的錢，並且努力制定出精簡預算的旅行計劃。「在我聽過亞當爸爸失業的經歷後，我了解他為什麼會有這樣的顧慮。我不能夠太自私。因為這和他的成長過程有關，我覺得一次將所有的錢花在豪華旅遊上是不對的。撥出一小部分來旅行才是正確的做法。我認為未來我們可以在金錢的問題上取得更好的平衡點。」

無論財力雄厚，還是總是被帳單追著跑，金錢一直都是所有夫妻或情侶爭吵排行榜中的前五名。一項包括了四千五百七十四對夫妻的研究顯示，在所有爭吵的議題中，財務狀況是造成離婚的最高指標。而另外四個夫妻最常起衝突的議題分別是性、親戚、酒精或藥物使用，以及養育小孩。

當他們開始探索金錢對彼此的真正意義時，一切都改觀了。

除非你們擁有無上限的信託基金，在談論工作時不可避免會說到關於錢的問題。許多進行八次約會的夫妻或情侶都有很長的工時，或者一天有好幾個小時在學校上課。時間、金錢和工作自然就成為充斥在對話中的話題，特別是那些以付出、家庭、玩樂和夢想為主題的約會。

對大部分夫妻來說，金錢上的爭執可以分為三種：對財務不對等的認知差異、對何謂「良好」財務狀態的認知差異，以及對於爭執方式本質的認知差異。這三個類型中，最後一種是夫妻是否會離異的指標。換句話說，財務上的衝突不盡然是主導雙方分合的主要因素，重要的是夫妻「用什麼方法」來談論金錢觀念上的歧異。

首先，你們必須避免二元對立的描述。這通常建立在最常見的兩種刻板印象上：揮霍者和守財奴。揮霍者認為自己很有智慧地運用金錢來擁有幸福的生活，為家人帶來慰藉、溫飽、健康和娛樂。在守財奴眼中，揮霍者顯得隨便、不經大腦、衝動、奢侈、浪費且放縱。

守財奴則是認為自己實際、睿智且節制，將賺到的金錢視為一種成就，同時也是安全感的來源。對他來說，金錢代表了力量和對未來的投資，能夠讓自己免於憂慮，更能為後世留下遺產。但是在揮霍者的刻板印象裡，他小氣、冷酷、自私且憤世嫉俗，只知道累積財富，不知道該如何享受生命。

以上的二分法完全不是事實。事實是，我們在不同的時候都可能扮演揮霍者和守財奴。刻板印象對於了解彼此對金錢的認知沒有任何益處，也無法幫助我們化解財務上的衝突。無論已婚或未婚，金錢衝突的關鍵不在於數字的多寡，而在於金錢對彼此的真正意義。金錢能換來享樂，也能換來安全感。任何夫妻都必須經過一番努力才能達成兩者的平衡。最終的目標，是在金錢所帶來的自由和力量與金錢同時代表的安全感和信賴之間取得平衡。

每一個人都帶著自己跟金錢有關的經驗和感受進入一段關係。我們對金錢都有既定的態度，那是來自原生家庭背景、一代一代傳下來的觀念，決定了金錢對我們各自不同的意義。

愛情與麵包能雙贏

工作可能會耗費和經營一段關係一樣多的時間、體力和心神。事實上，工作常常會成為關係中的「第三者」。討論你對於工作賺錢的付出就和討論愛情中對伴侶的付出一樣重要。我們的關係需要時間，工作也一樣。許多人以為幸福的婚姻必須在兩者之間做出抉擇，其實這也是另一個迷思。你並不需要二擇一。只有當你對工作的付出和你對伴侶的付出產生衝突時，問題才會浮現。所以如何平衡地滿足兩者才是一段關係成功與否的關鍵。

如果你和伴侶之中有一個人一週得工作六十、八十或甚至一百小時，很明顯你們就無法有太多經營關係的時間。這是很簡單的數學問題。只是，沒有人在臨終前會說：「我真希望能多花一些時間在辦公室裡。」如果關係中有一人有超長的工時、在職場承受極大的壓力，或者寧願犧牲彼此的關係來追求金錢和事業，那就很難維持幸福的婚姻。過長的工時會在兩人之間產生距離、奪走維繫連結的時間，並且在關係中製造出寂寞和疏離感。

約翰和茱莉每年都會有一次蜜月旅行。這是他們為慶祝和榮耀彼此的結合所創造的儀式。透過這個儀式，他們挪開工作、家庭、朋友和所有義務，給予這段關係應得的專屬時間，就像當初新婚時一樣。這不是一件簡單的事。他們得忙著看診、做研究和寫作，有無數的期限要追。約翰在七十一歲時決定要追求一個事業上的夢想：完成一本以他十五年心理治療師生涯為主軸、以數學公式和物理法則來理解愛情的巨著。這是一個宏大的計劃，他在寫作的每一秒都樂在其中。

約翰生長在一間單臥室公寓裡，和其他五位家人同住。他因此培養出一項驚人的能力：在他需要專注工作時，他能夠全神貫注，完全隔絕外在世界。當他進入這種狀態時，你可以和他在同一個房間裡喊他的名字，而他什麼也不會聽到。這個技能幫助他在擁擠的環境中成長、幫助他拿到博士學位，也讓他能夠在愛情實驗室花上好幾小時的時間，觀察受試夫妻的細微互動和情緒表達。這本書的創作驅使著約翰，其重要性勝過了他人生中的一切人事物，包括茱莉。

在準備第十四次週年蜜月旅行時，約翰將一大堆的數學和物理書籍，以及整疊的研究論文和圖表公式塞進行李箱。他像著魔了一樣專注，因為這是他的工作、優先於一切的大業，過去一整年他已經投入了全副心力在這本書上。

在旅行的頭五天，約翰一天花費好幾個小時的時間在寫作上，彷彿置身於學問的天堂中。在第五天晚上，夫妻倆來到最愛的義大利餐廳，伴隨著輕柔的燈光和流瀉在空中的鋼琴音樂。約翰翻過菜單，然後問茱莉想點什麼。她原本要開口說：「白醬寬板麵」，但眼淚卻先掉了下來。約翰大為震驚：她為什麼落淚？在這個時候，茱莉才將一整年包括這五天的辛酸全盤托出。每週年蜜月旅行本該是一段讓他們維繫連結、歌頌對彼此愛戀的特別時光。但約翰卻完全忽視她的存在。他想將研究成果化為一本巨著的渴望壓過了一切，包括這次蜜月旅行。

就算是像茱莉這樣的婚姻專家，也必須要用自己的眼淚才能讓約翰明白他優先次序的天秤已經嚴重傾斜。

茱莉的眼淚深深震撼了約翰，將他從寫書的專注中搖醒。沒錯，他熱愛自己的工作，也希望在學術生涯更上一層樓，分享這本新書給其他心理治療師。但是在這一刻他體會到，他必須維持平衡，將時間分享給他對茱莉的愛。

約翰在旅行期間還一天工作十六個小時，這已經與他和茱莉為了連結彼此所付出的時間起了衝突。就算是像茱莉這樣的婚姻專家，也必須要用自己的眼淚才能讓約翰明白他的天秤已經嚴重傾斜。完成這本著作是他的夢想，但是他也必須認知到，漫長的研究和寫作雖然帶來樂趣，卻對這段關係沒有任何助益。

特別是在這個時候。

茱莉並不是要求約翰放棄工作；她並沒有要他在寫書和老婆之間做出抉擇。她希望的只是約翰在蜜月旅行的這一週暫時擱下工作。

如果你或伴侶要開始為事業打拚，這會花費無數時間和心力。但只要你們彼此間能夠對工作和財務的未來保持透明和順暢的溝通，並且在事前討論後達成共識，事業不一定會損害感情關係。超長的工時也不會永遠持續下去。當然，我們總是會有帳單要付，食衣住行等等都是生命的必需品。而工作除了能賺錢之外，也能夠帶來個人的滿足感和成就感，以及對人生的意義和熱情。這些也都非常重要。

家庭開銷、勞務與照顧者，婚姻的殺手

在一九五〇年代，夫妻間很少會出現這種關於工作和金錢的對話。在那個時候，丈夫就是賺錢養家的人，每天早上拿起大衣和帽子離家前去辦公室。職業生涯從入職到退休往往會維持一輩子。丈夫帶來收入，理所當然就擁有了權力。在婚姻關係中，女人留在家裡打理家務、照顧小孩、煮飯和打掃。在大眾媒體的推波助瀾下，塑造出一種完美主婦的形象：她會在一天結束之後等在門口，用充滿愛意的笑容迎接丈夫回家，然後遞上一杯酒慰勞他的辛苦。

然而，現在已經不是一九五〇年代了。

一切都已經改變，這些傳統角色定位也早已被沖進歷史的洪流中。無論男人女人，他們都可以工作，也可以照顧小孩。丈夫留在家陪小孩已經不是罕見的事，當然大多數的時候還是妻子扮演這樣的角色。不過如今更常見的情況，是夫妻倆都有各自的工作。理想的狀態是兩人共同分擔家務和照顧小孩，平等共享金錢和權力。

人們對一九五〇年代的美好回憶也早已蒙上一層陰影。史蒂芬妮・庫恩茲在著作《我們從來都不是那樣》（*The Way We Never Were*）中提到，以前已婚婦女時常感受到憂鬱和沮喪，覺得人生空虛，沒有自己的夢想、財務的自主，一切都受丈夫的主宰。許多女性因此必須使用藥物控制心中的悲傷和不平。至於那些未婚情侶以及男女同性戀情侶則是在整個文化歷史中受到忽視的一群。

如今，年齡介於二十五到三十二歲之間的女性，在開始職業生涯時甚至比男性伴侶要有更高的教育程度。投入職場的女性中，有三八%擁有四年期大學學位，男性則只有三一%。事實上，根據一項二〇一五年的調查，在美國科技和專業技術職場裡，女性占據了超過一半的比例（五一%）。另外，皮尤研究中心（Pew Research Center）的調查顯示，在「認為擁有高薪職業是人生中最重要的成就之一」的群體中，女性所占的比例也超過了男性。有六六%的女性將職業放在人生優先順序的前幾位，男性則是五九%。同樣一項研究也指出，無論男性還是女性，他們都認為幸福美滿的婚姻比成功的職業生涯更重要。看來不管是在什麼時代，愛情在人們心中依舊有高於工作的地位。好消息是，我們其實並不需要在工作和感情關係之間做抉擇。其實許多研究都顯示，那些擁有幸福婚姻的人更可能也同時擁有傑出的事業。反之亦然，工作上的滿足對婚姻的成功也有正面的影響，雖然相關性沒有前者那樣高。

有一種工作很有可能會造成夫妻間的衝突，那就是沒有報酬的工作。夫妻最常因為正職工作之外的家務分工而爭吵，像是洗碗盤、打掃或洗衣服。皮尤研究中心另一項執行於二〇〇七年的研究也指出，分擔家務排在成功婚姻要素清單的第三位，僅次於忠誠和性生活。充足的收入、居家環境、共同的宗教信仰、共同的興趣和小孩等要素都排在分擔家務之後。

如果你雇用傭人來維持家務，特別是在家裡有小孩的情況下，每年的開銷大約會是九萬美金。這是一九五〇年代的傳統主婦每天打掃房子、採買、照護小孩在現在所能得到的酬勞。這是一筆龐大的數目，也是一份龐大的差使。所以如果你們不是雇用別人來做，那就是你或伴侶要負擔這些工作。

根據一九六五年到二〇一一年的時間使用數據調查，男性和女性花費在有薪工作、無薪家務和照顧小孩的總體時間大致是一樣的。男性每週工時約五十九個小時，女性則是五十八個小時。在一九六五年時，男性平均每週花費六・五個小時在無薪家務和照顧小孩上。但是到了二〇一一年，則增加到每週十七個小時。相反地，女性在以前每週要負擔三十二個小時的家務，而到了二〇一一年之後，降低至每週十八個小時（感謝那些願意分擔家事的男性）。在工作和家務的角色上，男性和女性逐漸重合；在二十一世紀，如何分配家務、開銷和照顧孩子並沒有一個標準無誤的方法，你只能找到對你自己和伴侶最合適的模式。

在現今這個時代，婚姻需要共同合作來維繫。你和伴侶就像是一個團隊，必須要共同決定對彼此關係和各自人生最有助益的方式。同時要記住，所有情況都會在小孩出生或者轉換工作時有所改變，你們要一起努力去支持對方的夢想。工作不僅僅和金錢有關，隨著人生的演進，你們對於工作和金錢的態度也會跟著發生變化。

> 有一種工作很有可能會造成夫妻間的衝突，那就是沒有報酬的工作。

當工作成為婚姻的第三者

在人生的不同階段裡，工作和金錢都會有不同的意義。在工作和感情間找到平衡點可能不是一件容易的事。你和伴侶的工作選擇也會同時帶來助益和損失。在進入一段長久的關係或者婚姻時，如果你認為兩人都可以每天五點下班，然後一起煮飯或外出用餐、一起去健身房或上課，或者好好聊天，你註定會失望。有些時候，工作上的需求彷彿會吞噬所有時間，對感情造成威脅。你必須確保你和伴侶的關係夠堅韌，才能夠安然度過這些艱難時期。

當瑞秋還是住院醫師時，她和道格並沒有太多的相處時間。醫院的工時不但漫長，而且辛苦無比。她時常缺乏睡眠，而除了每週一次約會之外，他們幾乎沒有機會見面。道格全心支持瑞秋想成為醫生的夢想，但是缺乏相處的情況製造了隔閡。他們各自都感到不滿，開始在碩果僅存的約會時間裡爭吵。雖然他們不斷安排接下來的約會，但是在見面時卻感到挫折和孤單。

「我記得有一次約會，我們連公寓停車場都離不開，」瑞秋回憶。「我們就這樣並肩坐在車子裡。我只覺得疲憊且麻木，茫然若失。我為了彼此努力工作，但是住院醫師的工作真的讓我筋疲力盡，而且在這段期間，我感覺已經失去這段關係。人生的一切彷彿只剩下工作。於是我轉頭對道格說：『恐怕我們走不下去了。』當我說出這句話時，我們都嚇到了。」

這是一個脆弱但誠實的時刻，他們向彼此傾吐心中的沮喪，在車裡相對落淚，想著即將失去對方和他們共享的一切。分手的可能性讓他們瀕臨崩潰，但就在這個時候，瑞秋突然靈光一閃。

「我突然明白婚姻對我來說是最重要的事。所以我必須做出選擇。我會放棄學醫，做別的工作。」

瑞秋的優先次序在這次危機中變得清晰。不過她並沒有真的放棄醫師生涯，而是告訴主管，她需要休假一個月，因為過去這樣二十四小時待命的工作量已經威脅到了她的婚姻。在這一個月裡，她和道格一起擬了一份清單，列出人生和婚姻中最重要的事項。在這份清單上，擺在第一位的是身體和心理上的健康，第二位是他們的婚姻。接下來依序是家庭、工作和金錢。他們現在了解到，工作雖然重要，在這份清單上卻敬陪末座。每一對夫妻都需要在優先次序上取得共識。當然，每一對夫妻的情況各自不同，所以你和伴侶必須討論哪些是人生中最重要且最珍貴的事物。

時間管理的重點是知道人生的優先順序

抱怨另一半在工作上花費太多心力，是婚姻中常見的情況。幸福的婚姻需要雙方為彼此留下時間和精力。無論你是工作過量的一方，還是抱怨的一方，坐下來對話並且探討彼此的觀點，這絕對會對你們的關係有所助益。我們的身分認同、人生目標和自我價值常常會和我們的職業綁在一起，這也會讓我們不知不覺間花費過多的時間在工作上。但是持續的過長工時有著沉重的代價，就像道格和瑞秋所面對的情況。你們可能會開始感到情感上的疏離，逐漸危及這段關係。如果你們因為其中一人的工作而犧牲到相處的時間，試著提出以下的問題：

對工作時間過長的伴侶：

↓這份工作對你的意義是什麼？
↓這份工作為你帶來什麼樣的樂趣或滿足？
↓這份工作在你的人生中實現了什麼願望？
↓如果金錢無虞，你也不需要工作，你會如何度過每一天？

對抱怨對方工時過長的伴侶：

↓伴侶缺席對你來說意味著什麼？

↓當伴侶長久不在身邊時，你最想念他的什麼？

↓對於和伴侶的感情、身體、知識與精神上的連結，你的渴望是什麼？

當長時間工作成為一段關係中的問題時，以上的問題能夠幫助你以理解代替衝突。如何運用時間是影響一段關係的重要因素。

花一些時間反思，你平常一天二十四小時是怎樣流逝的。畫出一個圓餅圖，整理出你日常一天的作息。你花了多少時間在工作上，多少時間是與對方完成家務？多少時間是花在與伴侶維繫連結上，多少時間花在陪伴家人？你花了多少的時間獨處？然後再以第二個圓餅圖表示出你理想中的時間分配。舉例來說，如果第二個圓餅圖顯示出你希望一天花三小時和伴侶相處，兩小時獨處，但在現實中你只各分配給這兩項活動一個小時，那你就知道你該朝什麼方向改變，也明白自己生活中的優先次序。

如果你們可以在剛開始交往時，就分享彼此生活中的優先事項，你們就有了共同努力的方針，能夠進一步建立共同的時間價值觀。如此一來，你們能創造出共同的目標，並且可以根據一起設定的準則來觀察雙方的時間分配是否失去平衡、是否有符合雙方對於關係中重要事項的共識。

金錢的真正價值

我們個人成長經歷中與金錢有關的部分，對於感情關係有驚人的影響。對於金錢、慷慨、權力和財富，每一個人的家庭都有世代傳承下來的既定觀念，去探究這些觀念是非常重要的。例如對於貧窮生長環境的感受、對於獨立自主和依靠他人的看法、對於堅強和軟弱的定義，以及對慈善行為、公民義務、奢侈生活、成就感等議題的理解。當兩個有著不同個人經歷和金錢觀念的人開始交往時，他們必須面對揉和歧異或逃避歧異所帶來的後果。

第一步是面對自己的成長背景。

第二步是去理解對方的個人經歷。

小活動3：

原生家庭給的金錢觀22問

在約會之前和伴侶各自完成以下的問卷，然後一起討論彼此的回答。閱讀以下的問題，並且誠實地回答。

↓你的祖父祖母和外公外婆從事什麼工作？

↓他們的生活水平為何？

↓你的父母是從事什麼工作？

↓他們的生活水平為何？

↓你的父母對金錢的態度為何？在你還小時，你如何看待他們對金錢的態度？

↓你的父母對於花錢消費是否感到自在？在你還小時，你如何看待他們對於花錢消費的態度？

↓你的父母是否有儲蓄或投資？在你還小時，你如何看待他們的理財行為？

↓你的家庭是否有全家度假或旅遊的習慣？在你還小時，你如何看待這些旅遊？父母是否會討論到花費的問題？

↓你的家人是否從事任何娛樂活動？在你還小時，你如何看待這些活動？

↓你的家人是否參與任何慈善事業或活動？

↓在你還小時，父母是否固定給零用錢？你如何看待這件事？

↓你自己的工作經歷為何？

↓對你個人而言，金錢的意義是什麼？背後的原因是什麼？

↓你的父母會幫你慶生嗎？這對你來說有特殊的意義嗎？

↓慶生時父母是否會買生日蛋糕？在你還小時，這對你來說重要嗎？

↓你的父母如何向你表示他們以你為傲？或者他們並沒有這樣表示過？

↓在過節時，你是否會得到禮物？在你還小時，這對你來說重要嗎？

↓關於金錢，你的父母對你有過什麼教誨？現在你對他們當初的教誨有什麼感受？

↓關於金錢，你的家庭背景灌輸了哪些觀念？你現在對此的態度為何？

↓你的家人對於金錢的價值觀為何？你同意和不同意哪些價值觀？

↓關於金錢，你最痛苦的記憶是什麼？與你的伴侶分享這段故事。

↓關於金錢，你最開心的記憶是什麼？與你的伴侶分享這段故事。

多少錢才算足夠？

猶太教經典《塔木德》（Talmud）裡有一句話說，真正富有的是那些知足的人。但是何謂「足夠」卻是一個相對的問題。無論你們是費盡心力讓收支平衡，還是錢多到沒地方花，金錢對夫妻或情侶來說都是衝突的一大來源。所以錢到底多少才算足夠？

很明顯地，當以下這幾種狀況出現時，金錢問題也會隨之浮出：兩人的生活開銷超過收入所能負荷、其中一方負債累累或者在財務上有所隱瞞、在財務上兩人無法齊心協力完成目標等等。每個人都有一些短期目標，例如支付房租或貸款，以及平日的家庭開銷。許多夫妻或情侶則是設定了長期目標。兩人應該一起討論預算，制定出完善的計劃來滿足平日的開銷和實現長遠的金錢義務和願望。你們彼此都是團隊的一員，但對於該如何運用金錢，你們也都可以有各自不同的觀點，就像崔佛和亞當。這是因為金錢對每一個人都有不同的象徵意義。

金錢對每一個人都有不同的象徵意義。

在關於異性戀夫妻或情侶的研究中，我們發現在金錢上男性與女性有著深刻的差異。一般來說，女性比較不會儲蓄；一份在一九四六年到一九六四年之間的調查顯示，超過五八%的女性在退休帳戶裡的儲蓄不到一萬美金。根據估計，在二十五歲到五十五歲的女性中，有三分之一到三分之二的比例會在七十歲時陷入貧困。這項數據十分驚人。對許多女性而言，擁有「足夠的金錢」可能代表了不同的意義。女性通常會將「足夠的金錢」等同於愛情、尊敬和安全感。除此之外，「足夠的金錢」可能也會和責任感、吸引力和力量畫上等號。

對男性來說，金錢和權力通常有著相互的關係（女性之間也有這樣的現象，但是根據我們的研究，這在男性中更為普遍）。在接受訪問時，男性會認為「足夠的金錢」代表著支撐家庭的能力和責任。「足夠的金錢」也時常等同於力量、獨立自主、成熟、競爭力、社交能力和成功。你要記住的是，除了花費、預算和種種關於收支的計算之外，金錢對每個人都蘊含了超越數字的深遠意義。本章節的目標就是讓你找到這層意義，並且理解金錢對你的伴侶來說究竟代表了什麼。

小活動4：

多少錢才算是夠了？

你和你的伴侶都必須各自完成以下的問卷，準備好在約會時討論彼此的回答。閱讀每一個問題，並且圈出符合你的觀點的選項。

以下是數字一到五評分指標：5＝強烈地贊同；4＝贊同；3＝不贊同也不反對；2＝反對；1＝強烈地反對。

1. 對我來說，擁有「足夠的金錢」代表擁有權力。

5 4 3 2 1

2. 對我來說，擁有「足夠的金錢」代表獨立自主。

5 4 3 2 1

3. 對我來說，擁有「足夠的金錢」代表堅強。

5 4 3 2 1

4. 對我來說，擁有「足夠的金錢」代表不需要依靠任何人。

5 4 3 2 1

5. 對我來說，擁有「足夠的金錢」代表有責任感。

5 4 3 2 1

6. 對我來說，擁有「足夠的金錢」代表能夠放鬆且無憂無慮。

5 4 3 2 1

7. 對我來說，擁有「足夠的金錢」代表有時間做喜歡做的事。

5 4 3 2 1

8. 對我來說，擁有「足夠的金錢」代表能夠有奢華的享受。

5 4 3 2 1

9. 對我來說，擁有「足夠的金錢」代表擁有創造力。

5 4 3 2 1

10. 對我來說，擁有「足夠的金錢」代表我可以分享一些錢財給別人。

5 4 3 2 1

11. 對我來說，擁有「足夠的金錢」代表愛情、關懷和感情。

5 4 3 2 1

12. 對我來說，擁有「足夠的金錢」代表安全感和穩定。

5 4 3 2 1

13. 對我來說，擁有「足夠的金錢」讓我感到自己很有能力。

5 4 3 2 1

14. 對我來說，擁有「足夠的金錢」代表我能夠掌控一切。

5 4 3 2 1

15. 對我來說，擁有「足夠的金錢」讓我對自己有正面的評價。

5 4 3 2 1

16. 對我來說，擁有「足夠的金錢」代表我能夠接受自己，別人也能夠接受我。

5 4 3 2 1

17. 對我來說，擁有「足夠的金錢」代表努力所得到的回報。

5 4 3 2 1

18. 對我來說，擁有「足夠的金錢」代表我是一個成功的成年人。

5 4 3 2 1

19. 對我來說，擁有「足夠的金錢」讓我不會感受到壓力。

5 4 3 2 1

20. 對我來說，擁有「足夠的金錢」代表我應該讓自己好好享受。

5 4 3 2 1

21. 對我來說，擁有「足夠的金錢」讓我感覺受到尊敬。

5 4 3 2 1

22. 對我來說，擁有「足夠的金錢」代表我應該負起身為成年人的責任。

5 4 3 2 1

23. 對我來說，擁有「足夠的金錢」代表我有更多發生性關係的機會。

5 4 3 2 1

24. 對我來說，擁有「足夠的金錢」代表更高的自由。

5 4 3 2 1

25. 對我來說，擁有「足夠的金錢」代表我能得到別人的陪伴。

5 4 3 2 1

26. 對我來說，擁有「足夠的金錢」讓我感受到富有和舒適。

5 4 3 2 1

27. 對我來說，擁有「足夠的金錢」能填補人生的空虛。

5 4 3 2 1

28. 對我來說，擁有「足夠的金錢」代表幸福。

5 4 3 2 1

當你們明白彼此關於金錢的個人經歷，並且也認知到雙方的異同之後，金錢的衝突就能夠得到引導和化解。對雙方來說，究竟怎樣才算是擁有「足夠的金錢」？透過以上的問卷，你能夠深入了解金錢對你和伴侶的真正意義。思考你對於這段關係的貢獻，無論是金錢、家務或者你所付出的任何時間。理解伴侶對金錢的態度和個人經歷，永遠都不嫌早也不嫌晚。

為了愛情長久並減少衝突，你應該要感激你所有的一切、體會彼此的貢獻和雙方一同打造的未來。對於金錢，我們各自都有背後的動機和驅力，這無關對錯。有許多方法能夠讓你們相容彼此的金錢觀。和你的伴侶付出時間來對話，討論該如何處理辛苦賺得的金錢。這將會化解你們關於花費或儲蓄的歧見，絕對值得一試。

本章精華

↓在感情關係中，金錢名列造成衝突原因的前五位。

↓為另一半貼上「守財奴」或「揮霍者」的標籤不會對情況有任何幫助。你們各自都有不同的家庭成長經歷和價值觀。你的任務是理解彼此，而不是去定義對方或要求對方接受自己的價值觀。

↓在你的人生中，除了婚姻和家庭之外，工作也是一項需要付出心力的重大要素。

↓工作和賺錢很可能會變成一段關係中的「第三者」，因為它需要大量的時間和精力。在工作和愛情之間取得平衡，是幸福婚姻的一大基本前提。

↓感情中出現的金錢問題不在於數目的多寡，而在於金錢對關係中兩人的意義。

↓根據調查，分擔家務是幸福婚姻裡重要的因素，僅次於忠誠和良好的性生活。

↓如果關係中有一人處在工作的巨大壓力下，並且有過長的工時，兩人之間就會產生距離和孤寂感，並且喪失情感上的連結。這會導致兩人的離異。

↓探索金錢對兩人的真正意義，你們就能夠長遠地化解金錢所造成的衝突。

↓對於你擁有的一切和兩人為這段關係的貢獻懷抱感激。

約會提點：

討論金錢對彼此的意義

對話主題：

我們如何將自己的價值觀帶進關係中？關於工作和金錢，我們各自有哪些個人經歷和記憶？擁有「足夠的金錢」對我們兩人各自的意義是什麼？

事前準備：

在約會之前閱讀本章節。思考你的伴侶對關係和家庭的付出，想出三項值得感謝的貢獻，並且在約會開始前告訴對方。完成「關於金錢的家庭背景」和「足夠的金錢」這兩份問卷，準備好在約會時討論彼此的回答。

地點：

這次約會不應該有任何花費（或者盡量降低花費）。如果在這段關係的過程中你的收入增加許多，想想以前還沒有那麼寬裕時的約會地點。如果你選擇去餐廳約會，記得挑選雙方都能夠自在點餐的價位。

建議：

你們可以前往一間五星級飯店，然後坐在大廳展開你們的對話。挑選任何讓你們感到舒適自在且有富裕感的地點。試著發揮創意，你也可以安排一次野餐，帶著毛毯去公園進行這次約會。

在家約會：你也可以在家裡叫你們最愛的外賣餐點，然後邊用午餐邊聊。花點心思打扮，在餐桌上使用精緻點的餐具。試著在家裡營造出奢華的氣氛。

小叮嚀：

準備好你本章節兩項演練中的回答，和伴侶比較並討論結果。準備好分享你們關於金錢和工作的個人經歷、成長背景故事和價值觀。討論金錢對你們各自的真正意義。

如何預防摩擦：

- 記得這次對話與規劃預算或開銷支出的數字無關。重點在於理解金錢對雙方的意義，並且誠實地討論彼此對工作和金錢的看法。
- 不要批判伴侶的金錢價值觀。在處理金錢的方式上並沒有所謂的對或錯。
- 不要輕視伴侶在職場上所承受的壓力。
- 在討論家務時，對於自己有做到的和沒有做到的事情保持誠實的態度。不要比較或衡量雙方的付出。
- 容許自己和伴侶對於財富有更多的想像和願望。
- 專注在你們現在所擁有的，而不是那些得不到的事物。別去提起過去所犯下的理財失誤。
- 當伴侶在分享他對於財富的願望時，別提出反對或表示輕蔑。進一步說，無論對方提出什麼樣的夢想，你都應該聆聽並且認同。如果有不了解的地方，則是以正面的態度提出問題。

可以深入討論的問題：

↓如何才能讓你在感到安心的情況下談論如何賺錢和花費？

↓提出伴侶對這段關係的財務狀況所做出的三項貢獻，並表示感謝。

↓討論雙方在本章節兩份問卷中的回答。

↓討論雙方對彼此擁有的哪些事物懷抱感恩。

↓你覺得現在的工作怎麼樣？

↓你對未來換新工作有什麼想像？

↓對於金錢，你最大的恐懼是什麼？

↓如果以1到10（1＝從不，10＝總是）的程度劃分，你多常想到金錢上的問題？當你對金錢感到擔憂時，我該怎麼做來讓你有安全感？

↓對於金錢，你的希望和夢想是什麼？

確認我們會繼續共享彼此的未來：

輪流大聲唸出以下的聲明。在唸誦時，記得保持目光的接觸。

我承諾會尊重你的工作和金錢價值觀，並且一起努力完成財富上的共同目標。

DATE
5

共組未來：
家庭的模樣

如果你對未來的家庭生活沒有任何概念，那可能很難和伴侶討論到這個話題。每個人都知道人生中最重要的就是家庭，但家庭究竟代表了什麼？你們兩人的婚姻關係？或者也包括了兩人各自的親戚朋友？而當你們有了小孩之後，家庭又會是什麼樣貌？這不是一個簡單的問題。

「我很想要一個小孩，」賈瑪爾說，「但只要一個就好。看看世界人口爆炸的情況；對我來說，我理想的家庭跟我自己成長的家庭截然相反。」

賈瑪爾和露西安娜已經訂婚，打算明年完婚。他們同樣都是來自成員眾多的大家庭，也都想要生小孩，但是卻在要生幾個小孩上看法不同。

「只有一個小孩的話，他會太孤單，」露西安娜表示反對，「兩個的話太普通了，我覺得三個才是完美。這樣的家庭不大不小剛剛好。」

但賈瑪爾對於只生一個小孩很執著。「在我長大的家庭裡，每一個孩子都沒有得到足夠的關注。一次撫養五個小孩讓父母忙得不可開交。他們很愛我們，但我認為面對這麼多的孩子，他們的關愛常常被侷限在基本物質生活方面。我們常常一起待在家裡，但這是因為我們家沒有足夠的錢讓小孩多參與戶外活動。可是這些在家裡的相處時間也並不愉快。我的父母都有工作，我記得母親的工時甚至比父親還長。他們回到家時總是筋疲力盡。我真的不明白他們為什麼要生那麼多小孩。」

露西安娜和三個姊妹一起長大，她的母親平常不需要離家工作。「在這方面她非常傳統。她熱愛母親的角色，也很關注我們在學校和社交的生活。我們總是一起在家享用晚餐；她在廚房貼了一本大月曆，標記了我們所有活動的日程。她真的很擅長管理，我覺得她如果想的話，一定可以成為大公司的CEO。她總是悠然自得，從來不會錯過任何人生中有趣的事物。在我們都離家生活之後，她常常去基督教青年會（YMCA）的營隊當志工老師，因為她就是很愛小孩子。我想如果我爸也想的話，他們很有可能會再生五、六個小孩。儘管如此，他們還是很強調我們的獨立自主。打從我們會走路起，他們就準備好要培養我們凡事靠自己的精神。我在大學時有些朋友還不知道該如何自己洗衣服或煎蛋呢。這真是太扯了。我自己也想要追求事業的成功。我認為我們可以給予小孩很多時間和關注，同時也兼顧自己熱愛的工作。我們只需要像我媽一樣事先規劃好一切日程。」

家庭是一個你和所愛之人能夠一起感到關愛和歸屬感的地方。

對賈瑪爾和露西安娜來說，能夠在「想要小孩」這件事上達成共識非常重要。「我沒辦法和一個完全不想要小孩的人在一起，」露西安娜說，「但對於要生幾個小孩我認為是可以討論的。我們兩人都還不確定未來人生的現實狀況；人生隨時都能以無法預料的方式發生巨大變化。雖然我覺得三個小孩是最理想的狀態，我也可能因應現實而改變想法。」

對於未來小孩的生活品質和價值觀，他們兩人也達成了共識。「我希望我們的小孩會努力工作，」賈瑪爾說，「我希望他生性善良無私，不被寵壞或貪心。」

露西安娜則是對小孩有遠大的教育目標。「我希望他們可以有碩士以上的學位。我要從小培養他們重視教育和學習的態度。」

但賈瑪爾對此持保留態度。「這樣的話，三個小孩將會花上一大筆錢。除非其中兩個小孩不繼續深造。但是身為父母怎能如此偏心？所以說教育是我只要一個小孩的另一個原因。」

露西安娜笑著說：「我希望孩子們能夠有你的幽默感，也像你一樣活潑外向。你有很棒的社交能力，我希望他們能像你一樣和各種不同群體的人都相處愉快。因為我自己比較害羞內向，我希望他們像爸爸那樣可以和任何人交朋友。」

賈瑪爾則是希望小孩有露西安娜的堅強意志。「她從不放棄。只要是她想完成的事情，她總是會堅持下去。我希望我的小孩能繼承這項特質，或者小孩們啦，因為她大概不會放棄生三個小孩的願望。」

賈瑪爾和露西安娜在討論要幾個小孩時，願意讓步，這表示這個問題不太可能會帶來重大的衝突。因為，他們保持靈活和開放的態度，也理解對方的觀點。我們希望你們也能夠以同樣的幽默感和彈性來討論家庭這個議題。

對每個人來說，家庭都有著不同的意義。由一對夫妻和一對兒女組成的家庭就如呼叫器和錄影帶一樣過時。時至今日，家庭的組成無論在種族、政治、性別和宗教等層面上都充滿了多樣性。家庭很可能包含了原生小孩、繼子繼女、養子養女等等。當然也有無小孩的家庭，或甚至你丈夫有個像小孩一樣幼稚的好友等特殊情況。另外，也有一些由同性夫妻或跨性別夫妻組成的家庭。家庭成員可能只有你和你的伴侶，但也可能包含了各自的家人、你們的寵物和好友。無論是什麼情況，家庭是一個你和所愛之人能夠一起感到關愛和歸屬感的地方。

未來家庭的樣貌是由你和你的伴侶一起決定。最重要的是兩人一起討論家庭的意義和各自對家庭的想望。如果你們的人生計劃包含了小孩，最好在迎向未來之前先好好討論你們該如何將彼此之間的感情延伸到兩人之外的個體上。事先做好準備，這將會為你省下將來無數的煩惱和時間。

我們之前有提到，如果你和伴侶一個人想要小孩，另一個人卻不想，這樣的歧見很可能會造成關係的破裂。如果你在步入婚姻時，還抱持對方會改變的想法，那你很有可能會面臨災難性的後果。思考彼此是否想要小孩，以及幾個小孩是理想中的家庭樣貌，這些都是很重要的討論課題。如果其中一人認為家裡只要有一個小孩，另一個人卻想著是要一整支棒球隊，你們最好事先溝通彼此的想法，否則到時候將會有嚴重的問題。

我們自己有幸能夠生養小孩，他們是我們一生的摯愛。但這也意味著要付出大量的心神和精力，以及高昂的花費。根據一項美國二〇一五年時出生兒童的統計數據，將小孩撫養到十七歲的平均花費是二十三萬三千六百一十美金，但這是指能一年平均收入在六萬到十萬美金的家庭。而以那些一年收入超過十萬五千美金的家庭為例，撫養小孩到十七歲的平均花費升高到驚人的四十萬七千八百二十美金。現在將這個金額乘以你想要的小孩數量（這還沒有包含大學的花費）。在美國，讓一個小孩取得私立大學學位的代價可能高達一年八萬美金。換句話說，在稅後的情況下，每一個小孩得花上三十二萬美金才能完成大學教育。

婚姻的U型曲線

對我們來說，生養小孩代表的是愛與犧牲。當新生兒降臨在你與伴侶的關係中時，你體驗到的是無比深刻的無私之愛。父母很難用言語形容對子女的愛。這和你對伴侶的愛截然不同。當你第一次抱起初生的兒女時，那是一種彷彿被彗星擊中的感覺。當然，小孩需要得到你毫無保留的愛、時間和關注。但不應該因此而犧牲你與伴侶的關係。

名人夫妻茱莉安娜和比爾・藍希克在娛樂雜誌《US週刊》的訪談中說：「我們將婚姻擺在第一位，其次才是小孩。」這句話當時在媒體上掀起一陣激辯；許多人質疑，會說出這樣的話代表他們不是合格的父母。但訪談的內文並未被完整解讀：「我們不但是夫妻，更是最好的伴侶。許多人一旦有了小孩，就將小孩放在第一位，忽略了夫妻間的關係。也許這對他們來說沒有問題。但我們將婚姻擺在孩子之前，是因為有美滿的婚姻才能為孩子帶來最大的幸福。」

對藍希克夫妻來說，在小孩出生後的優先次序並不是罕見的問題。十年前阿雅蕾特・瓦德曼在《紐約時報》上發表名為〈真實、瘋狂與罪惡〉的文章後，也受到大眾的怒火和批判。在那篇文章裡，她坦承自己有罪，因為她愛丈夫勝過愛他們的孩子。她提到，如果她失去了一個孩子，只要丈夫（小說家麥可・夏邦）還在身邊，她就能夠繼續走下去。在文章中，她也悲嘆有了小孩之後，在同為母親的朋友圈裡，當大家談到對丈夫的關注和性生活時，她就變成了這個議題的邊緣人。「為什麼只有我不能像一個好媽媽一樣，為了小孩犧牲自己的情慾？為什麼只有我無法將小孩擺在人生的第一位？」

她這篇寫於二〇〇五年的文章所造成的爭議持續至今。「如果你將所有熱情都灌注在小孩上，因而忽略了那段當初建立這個家庭的關係，最後，一切都會出現嚴重的問題。我一直都不是一個完美的母親，但我透過穩定的夫妻關係給予了孩子安全感，這是我引以為傲的地方，」她這樣說。

然而，小孩最終都會長大成人，然後離開原生家庭。如果父母在撫養小孩的過程中，沒有繼續維持夫妻的親密感和連結，當空巢期來襲，夫妻關係將會變得貧乏。

事實上，當藍希克夫妻與阿雅蕾特・瓦德曼和麥可・夏邦夫婦說他們不把小孩放在第一位，這並不代表他們自私或瘋狂。他們只是在所謂的U型曲線出現之前能夠未雨綢繆。

社會學家恩尼斯特・伯吉斯（Ernest Burgess）是研究夫妻關係的先驅。在一九三〇年代，他希望發展出一套科學化的方法來準確預測婚姻的成功機率。在針對已婚男女的縱向研究中，他觀察整個婚姻生活演進的走向，發現婚姻的滿意度呈現了一個U型曲線：通常婚姻滿意度從新婚之後開始走下坡，而在每一個小孩出生時都會出現一次大幅度的下墜。直到最年輕的子女長大成人離家獨立生活之後，滿意度就開始上升。這個U型曲線不只是二十世紀初期的趨勢；時至今日，這樣的模式也還是婚姻生活的常態。

新婚時的滿意度↓子女離家↓婚姻晚期的滿意度

約翰・高特曼針對新婚夫妻的縱向研究也顯示，那些在完婚平均四年後生小孩的夫妻中，有六七％在小孩出生後三年內感到幸福感急遽下降。高特曼也錄下這些夫妻發生衝突的影片，讓一些不知道他們是否有小孩的受試者觀看。觀者能指出那些有小孩的夫妻在衝突中對彼此表現出更高的敵意，但也有三分之一育有小孩的夫妻並沒有感到幸福感下降。所以約翰決定仔細地觀察這兩組受試夫妻在完婚三個月之後的狀態。直到小孩出生前，這兩組受試夫妻是否有展現出不同的徵兆，能讓我們預測他們在有小孩之後的情況？約翰透過這項針對異性戀夫妻的縱向研究，發現如果丈夫對妻子更為尊重，也更接受妻子的意見和看法的話，他們在小孩出生之後比較不會遇到幸福感下降的情況。

> 如果你想要在有小孩之後還維持幸福的關係，
> 那你必須完成兩個主要的目標。

這些丈夫在妻子懷孕時的態度也有極大的差異。他們會參與其中、和肚子裡的寶寶說話、讚美體態變得臃腫的伴侶，告訴她依舊美麗，並且感激她孕育子宮裡的孩子。約翰和茱莉曾經舉辦過一場為期兩天的工作坊，為七七%的夫妻逆轉幸福感下降的趨勢，他們後來也將工作坊的內容轉化為一本名為《孩子：婚姻中的第三者》（*And Baby Makes Three*）的著作。

如果你們決定要生小孩，並且避免U型曲線的谷底，你們就必須一起完成這兩個主要的目標：

1. 在懷孕和生產時期，雙方必須要共同參與。兩人與新生兒必須要有同等的互動，無論是異性戀夫妻或同性戀夫妻。針對異性戀夫妻的研究顯示，父親與新生兒的互動極為重要，而維持父親參與的關鍵在於他與母親的關係。如果夫妻能夠降低衝突，並且有持續的性生活，就能夠維持父親與新生兒的連結。如此一來，夫妻更有可能保持婚姻的幸福感。

2. 維持夫妻兩人之間的親密感和連結。你必須將兩人的關係擺在優先次序的第一位。如果你沒有做到這點，那就會一路跌到U型曲線的谷底，十幾年都無法翻身（如果你們沒有離婚的話）。而你們必須要持續對話、分享彼此的壓力，並且騰出時間給對方（約會很重要）。同時，你們要避免自我防衛的心理、批判和輕視，也不要對伴侶封閉自己。如果你心中有疑慮的話，可以重讀本書前面關於衝突和性愛的章節。

睡眠與性愛

許多人對生養小孩最大的恐懼，就是這代表了性生活的終結；你們將再也沒有時間談戀愛和旅行，婚姻和事業也會受到威脅。這些確實可能發生，如同我們先前所說，大約有三分之二的婚姻關係會出現這種現象。

在前面的章節裡，我們也有提到加州大學洛杉磯分校婚姻生活研究中心的科學家，花費了四年研究三十歲且育有小孩的年輕夫妻生活。他們的研究顯示，夫妻每夜在入睡前會花一〇％的時間同房相處。在大多數的夜晚時間裡，夫妻兩人通常是分開進行不同的工作，包括育兒、家務和職業工作。他們談話的內容大多是環繞在工作和許多待辦事項上。即使你已經結婚了，你也必須持續騰出特別的時間給你的伴侶、持續擁有令人滿意的性生活，並且建立連結和親密感的儀式。

夫妻能夠給予小孩最珍貴的禮物，就是父母之間穩定的且充滿愛的關係。這是他一生成長的重要基礎。

本章精華

- 每個人對家庭的定義都不一樣。家庭可能包括親生子女、繼子繼女、養子養女、寵物、雙方各自的朋友和親戚。
- 是否要有小孩的問題可能對婚姻關係有決定性的影響。對於想要小孩的願望和理想的小孩數量，你們應該保持坦誠和開放的態度。在步入婚姻時，不要認為你能夠說服伴侶在這個議題上與你完全一致。
- 你應該將彼此的感情關係擺在優先次序的第一位。
- 大約有三分之二的夫妻在小孩出生後感到幸福感降低。幸福感下降的幅度會隨著每一個孩子的出生更為劇烈。
- 為了避免幸福感下降，丈夫要參與妻子懷孕、生產和養育的過程。你們必須減輕衝突，並且維持良好的性生活。

約會提點：

共組家庭對彼此的意義是什麼？

對話主題：

建立一個家庭對我們各自的意義是什麼？我們想要小孩嗎？對這段感情關係來說，家庭的定義是什麼？

事前準備：

複習本章節，並且特別注意那些讓你感到共鳴的部分。思考家庭對你的意義，以及你希望家庭在這段關係中呈現什麼樣貌。

地點：

可以選擇公園、遊樂場、主題樂園或者其他全家大小可以齊聚的地方。找到一個你們可以看見其他家庭從事活動的安靜角落，專注在彼此的對話上。如果你希望在晚餐時進行對話，選擇一間家庭式的餐廳。

建議：

在理想的狀況下，約會的過程中你們能夠看見其他家庭和他們的兒童。這能夠啟發你們對於未來家庭的想像：這可能鼓勵你們成家，也可能讓你們重新考慮合適的避孕措施。

在家約會：你們各自烹調一道小時候最喜歡的菜餚。一起享用這兩道菜，然後和對方分享自己小時候的照片。

小叮嚀：

思考你們想要什麼樣的家庭，以及如何在有了小孩之後還將彼此的關係擺在最優先的位置上。

如何預防摩擦：

↓對伴侶的家庭觀點保持開放的態度。
↓在是否想要小孩這個問題上，對伴侶坦誠說出自己的想法。
↓別批評伴侶心中的家庭成員，無論是姻親、兄弟姊妹或者好朋友。
↓如果你們已經有了小孩，在養育的付出上對伴侶表達感激。
↓向伴侶表達你對家庭的價值觀和需求，但永遠別在這方面批評對方。如果你們已經有了小孩，也不要批判對方養育的風格。

可以深入討論的問題：

對彼此提出以下的問題：

1. 你理想中的家庭是什麼樣子？是只有我們兩個人嗎？還是包含了各自的親人和朋友？如果你想要小孩，你會想要幾個？
2. 在你的父母有了小孩之後，是否有努力維持彼此的親密感、愛戀和浪漫氣氛？如果有的話，他們是怎麼做到的？

對於那些計劃生養小孩的夫妻或情侶：

1. 在保持親密度這方面，你認為在未來我們會遇到哪些問題？
2. 如果我們一起為人父母，你認為最讓你感到快樂的會是什麼？
3. 你希望我的哪些特質出現在我們的孩子身上？

對於那些沒有計劃要生養小孩，或者小孩已經長大成人的夫妻或情侶：

1. 我們該如何營造出家庭的感覺？
2. 你認為誰是與我們最親近的家人（可以是朋友或親戚）？你會怎麼做來加深我們和親戚好友的羈絆？

確認我們會繼續共享彼此的未來：

輪流大聲唸出以下的聲明。在唸誦時，記得保持目光的接觸。

我會致力於建立一個充滿愛的家庭。如果我們有小孩，我承諾會避免所有激烈的衝突，並且永遠將我們的關係擺在第一位。

8

DATE 6

歡樂時光：玩樂與冒險

如果我們記得花時間玩樂，絕對有益於生活和感情關係。

上一次你和伴侶一起嘗試新鮮的事物是什麼時候？上一次你們一起冒險是什麼時候？上一次一起耍笨、開懷大笑是什麼時候？如果你現在完全想不起來，那你們可真需要放鬆一下了！玩樂是感情關係中不可或缺的要素。簡單一句話說，那些懂得玩樂的情侶，更有可能走得長久。

感情關係中的一大迷思，就是夫妻或情侶必須要有相同的興趣和嗜好，才能夠建立成功的關係。當然如果你們在這方面能夠一致也很好，但這並不是幸福的必要條件。最重要的是你們找到一起玩樂的方式，並且支持彼此各自嚮往的冒險。

對許多情侶來說，一起玩樂是交往的開端，但是在進入關係之後，卻常常被丟到「待辦事項」的底端。過長的工時、家庭的需求和壓力可能會吸收掉一段關係裡的玩樂時間。

丹佛大學的心理學教授兼婚姻與家庭研究中心主任霍華德・馬克曼表示，「玩樂與婚姻幸福之間的正增強非常顯著。你投注越多心力在兩人共有的娛樂和交友上，你們的關係就會越幸福。」馬克曼和他的同僚史考特・史丹利於一九九六年開始在丹佛展開一項針對三百對夫妻或情侶的長期研究。他們發展了一套「玩樂與交友計量表」，並且運用在問卷中。他們還沒有發表這項研究的成果，但是結果其實很清楚：**那些能夠在生活中找到樂趣、一起玩樂和歡笑的夫妻和情侶擁有更幸福的關係。**

一起玩樂、一起參與活動、共享歡笑都能夠讓關係更堅強、幸福和健康。紐約州立大學石溪分校的心理學家亞瑟・亞倫的研究聚焦在參與新活動對感情關係中雙方的影響。他指出活動越新奇刺激，這些夫妻跟情侶的幸福感就越高。人在有新奇體驗時的快感，也會對他和伴侶的情感產生影響。如果你能夠與伴侶一起享受這樣的樂趣，這也代表了你對伴侶的正面情感。最重要的一點，就是玩樂並不是奢侈的享受或放縱，而是一段成功幸福關係的必要因素。

> 感情關係中的一大迷思，就是夫妻或情侶彼此必須要有相同的興趣和嗜好才能夠建立成功的關係。

玩樂不僅僅是陪伴在伴侶身邊，而是建立兩人之間的連結。當我們以情侶的身分共享歡樂時，我們也同時在發展信賴感和親密感。就像玩耍能夠培養兒童互相合作的能力，玩樂也能增進成年關係中的默契。不管是一起放風箏、登山或玩桌上遊戲，當你們一起參與時，也同時營造了共同的生活意義和樂趣，然後進一步加深兩人之間的親密度和連結。

加州國家玩樂研究中心（National Institute for Play）的創立者史都華・布朗表示，「玩樂是一種看起來無實際目的的活動，但玩樂不只會提供樂趣，還會暫時凍結自我意識和時間感。」布朗相信，「沒有任何事情能像玩樂那樣帶給大腦活力，而且玩樂不應該僅限於幼年時期，而是一輩子的事。」

玩樂對於我們追求幸福關係與人生的意義是什麼？布朗說，「玩樂能夠讓一段已經持續已久的關係煥然一新。玩樂過程中，讓腦部更新充氧的要素，包括了幽默感和對新奇事物的興奮感，能讓你與身旁的人一起輕鬆看待外在世界、共享彼此的故事。這些愉快的交流和互動讓情感更容易連結，並得到回饋。也就是真正的親密感。」

盡可能找到一起玩樂的各種方式，這能夠增進你們的關係。將玩樂視為優先事項，你就能夠創造出一段充滿喜樂和幸福的關係。

歡笑是最佳靈藥

歡笑是玩樂中最重要的情緒反應。玩樂無所不在；你們可以在洗碗盤時、在庭院除草時嬉鬧，甚至當你們在處理問題時，也可以以幽默和玩笑作為潤滑劑。玩樂是一種自然流露的愉悅情感，也是一種生活態度。玩樂代表了兩人之間的友誼，也是參與外在世界的方式。

在剛開始約會的時候，你們可能會騰出很多時間來玩樂。約會對你們來說很新奇且令人興奮，充滿冒險性。你們是以玩樂為基礎建立這段友誼和愛情，等到進入認真交往後，玩樂也不應該停止。事實上，這時候你更努力地將玩樂融入到日常生活裡，也融入到你們的關係中。

「所有事情都是在剛開始的時候最讓人興奮，」二十幾歲且才剛剛訂婚的女孩金這樣說。「我們計劃了好多要一起做的好玩事情。我們去衝浪、去主題樂園玩、去演唱會和棒球比賽。現在我們已經同居，開始準備婚禮，變得只會在家裡看電視或偶爾出去看個電影。我們不再用心去嘗試新事物。我擔心我們會像其他夫妻那樣，年復一年坐在餐廳裡，對彼此都沒有什麼有趣的話好說。」

金的擔憂並不少見。這與人類根深蒂固的本能有關；我們的大腦需要玩樂和冒險來優化健康度和正常運作。冒險的欲望或所謂的「追尋機制」（seeking system）是所有哺乳類動物的活動驅力。這驅使著所有動物去搜索整個生活環境，尋找生存所需的資源，就像松鼠在樹叢間尋找松果一樣。人類也有類似的追尋機制，這體現在我們的好奇心和探索精神上。動物可能只會尋找食物和交配的對象，但是人類有著更高度且複雜的發展。我們追求的是嶄新的體驗、理解和意義，以及事後所得到的回饋感和樂趣。

在感到愉悅和興奮時，我們腦中稱為「獎賞系統」（reward system）的神經迴路也正在運作。這個大腦迴路與我們的學習、動機和追求人生中新奇事物的欲望息息相關。在獎賞系統中，多巴胺（dopamine）是主要的神經傳遞物。如果你的大腦充滿多巴胺，你會感受到心情愉快，期待美好的事物發生。無論是看見喜愛的球隊勝利、得到愛人的親吻，還是受到上司的褒獎，你所感受到的快樂都是因為多巴胺的湧流正刺激整個獎賞系統。當你在接觸美好的新奇事物時，正是多巴胺在席捲你的大腦。這感覺很棒，也是驅使我們繼續生活的力量。

> 玩樂是一種自然流露的愉悅情感，也是一種生活態度。玩樂代表了兩人之間的友誼，也是參與外在世界的方式。

當兩人追求刺激的方式出現衝突時

可是，當兩人激化獎賞機制的方式不同時，那可能就會發生問題。對茱莉來說，坐在沙發上讀物理書籍無法刺激她的追尋機制，但卻可以為約翰帶來快樂。而約翰的大腦（他能輕易想像出十種在野餐時意外死亡的方式）對於從山頂飆速滑雪下山可就沒有和茱莉一樣有反應。

科學研究顯示，有些人的基因會讓他們更想要追求危險性較高的行為和活動，例如直升機滑雪和衝浪，甚至毒品成癮。英屬哥倫比亞大學的研究員辛西亞・湯森發現所謂的「魯莽基因」（daredevil gene）會限制這些人腦中的多巴胺分泌量，驅使他們去從事更危險和極端的冒險，來取得腦中的快感回饋。

想像一下你們已經在一起數十年了。現在你們走進了兩人一起建立的美好家園。你期望對方會和你一起討論晚餐要吃什麼，或者週末有什麼計劃。但對方卻突然宣布她已經決定在五十歲之前要去攀登聖母峰，而她很快就要滿五十歲了。

這正是約翰和茱莉在大概十六年前遇到的情況。茱莉告訴約翰，她想要帶一群女性朋友前往珠穆朗瑪峰基地營，甚至再往上攀爬到更高的地方。對她來說，這是一生難求的冒險，也是她一輩子的夢想。茱莉興奮地說這趟旅行對她來說有多麼重要，約翰在一旁聽著，然後以一貫冷靜丈夫和婚姻專家的態度說：「妳是不是瘋了？」

「一開始，我想說她真是粗枝大葉，不會考慮後果。我沒有說出來，因為我終究還是個婚姻諮商師，我知道更好的做法。接著我想到的是，如果她在登山時發生意外怎麼辦？我感到一陣恐慌，然後將這個感受告訴了她。」

對約翰來說很幸運，因為多年的婚姻讓茱莉知道該如何回應丈夫的恐懼和憂慮。她專心聆聽，認同約翰的感受，然後盡力讓他安心。她向約翰解釋詳細的行程規劃、訓練計劃、安全措施和花費等等一切細節，希望能夠減輕他的擔憂。最後，約翰同意了茱莉的計劃，還買了一個衛星電話給她，希望她每隔一兩天就打電話一次。

正如同那句老話：江山易改，本性難移。

於是茱莉展開了為期一年的訓練課程，背著重達二十公斤的行李裝備爬遍了西雅圖的高山步道。

約翰繼續說道，「她甚至邀我一起飛去加德滿都。但我連爬梯子都會有懼高症，而且我知道爬聖母峰時可沒辦法叫客房服務，所以我婉拒了，」他回憶當時的情況。「那時候她開始徵求擔任嚮導的當地雪巴人（Sherpas）。我見過其中幾人，覺得他們看起來都像是只想和女人上床的無賴。但我還是努力接受她即將出發的事實。最後，那個大日子來臨，她也踏上了旅程。我只能壓抑住心中的哀號，靜待她回家。」

「最終，我必須面對這樣一個事實，」約翰繼續說，「那就是我一生至愛的女人跟我是完全不同的人。她是運動健將，也是真正的探險者。探險對我來說，僅限於安坐在椅子上研究量子力學和微分方程式。茱莉在大學時是競速滑雪選手，常常以每小時五十英里的速度飆下山。我的天啊，怎麼會有人想要這樣玩？但她是我的愛人，所以當她說要爬聖母峰時，我必須要理解這趟旅程對她的意義，並且支持她的決定。」

「茱莉有一張在卡拉帕塔拍的相片，那是一座在聖母峰旁的岩石山丘，海拔五千六百七十公尺。我永遠都忘不了她在相片中的臉龐，那是多巴胺作用下的幸福洋溢。我把那張相片裱框起來，因為我從來沒見過她那樣快樂。」

雖然，約翰和茱莉無法共享極限運動的樂趣，他們還是能夠一起游泳、參與一些比較平易近人的探險活動、去沒去過的地方划小船，以及去世界各地旅行。他們已經學會如何在一起享受玩樂時光時，用語言交流彼此不同的興趣。

如何玩在一起？

關鍵不在於強迫你的伴侶用你的方式追求樂趣或冒險。事實上，這種追求新事物、挑戰和驚奇體驗的基本需求是我們人性的一部分，一直都存在於我們的腦部深處，隨著年齡的增長依舊不變。我們每一個人都渴望刺激和期待美好事情即將發生的強大興奮感。

對一對夫妻或情侶來說，玩樂和冒險代表的是一起學習、成長和探索，並且互相支持對方與生俱來的好奇心。冒險總是包括了未知的事物，當然也透露出一絲危險的意味，而有些人比其他人要更能承受危險感。探索你們相同的地方，也不要逃避不同的部分，試著找到彼此的共同點。以約翰和茱莉為例，他們在雙人小艇上找到了共同點，在海上悠閒地划船就是他們能夠一起享受的樂趣。

「我喜歡水，」約翰說。「茱莉喜歡主動積極的活動，而我永遠都不可能跟著她去爬高山。她喜歡挑戰極限的運動，而我對任何比讀書還激烈的事情都感到恐懼。但是我們想辦法在這兩者之間找到共同點：划船。我們一起把小艇推進水裡、划離岸邊，然後遠離日常生活、工作和家庭的煩惱。這樣的玩樂對我們彼此都是一種放鬆。更重要的是，我們找到了一項可以融合兩人不同興趣的方式。這幾年來，划船讓我們更加親密。每一次划船我們都深切感受到雙方的連結，因為我們在海面上必須互相信任和依靠。我們一起面對這項活動中的挑戰，這讓我們之間的情感更熾熱。無論是在個人方面或者作為夫妻，這項活動也賦予我們更多活力。划船對我們來說是遠離塵囂的特別時光。我們談心、歡笑、一同高歌，感到的是全然的安心。在划船時我們從來不會有抱怨或批判。我們一開始的時候，我們只是在岸邊轉圈圈，談笑聊天。我們創造出了全新的共同經驗，幫助我們在年復一年的婚姻生活中保持戀愛的感覺。」

> 我們創造出了全新的共同經驗，
> 幫助我們在年復一年的婚姻生活中保持戀愛的感覺。

人對於冒險的需求是普遍的，但是每個人追求新奇的方式都不盡相同，這與好壞對錯無關。對一些從來未曾下廚過的夫妻來說，一起上烹飪課就是一種冒險。如果你過去只會畫火柴人，那去上繪畫課也是一種冒險。冒險不一定得發生在遙遠的高山或者從事危險的活動。冒險的真諦在於追求嶄新不同的事物，那可以是任何將你推離舒適圈、給予你多巴胺快感的活動。

地獄般的蜜月旅行

打從剛開始交往，道格和瑞秋就將冒險視為這段關係的一部分。他們和約翰與茱莉不同，兩人對冒險有同樣的認知。但這未必是一件好事。因為他們都喜歡刺激驚險的活動，所以在保險上得花一筆不小的錢。在蜜月旅行時，他們經歷了逼近死亡的驚險經驗，差點就實現了新婚誓詞裡的那句「至死不渝」（until death do us part）。

當時他們決定蜜月旅行要去剛受戰火摧殘的瓜地馬拉。雖然那時候戰爭已經停歇，但他們依然聽到許多關於自殺游擊隊的可怕故事，所以他們也猶豫是不是應該像其他人一樣去夏威夷或者搭豪華郵輪就好。因為瑞秋還在讀醫學院，道格也才剛找到畢業後的第一份工作，他們手頭上並不寬裕。

在這趟冒險中，他們決定去攀爬附近一座休眠的火山。上山的路程無比陡峭，弄得兩人筋疲力盡，下山時又得和滑溜的泥漿奮鬥。在完成這場數公里的高海拔攀登後，兩人前去遊湖。在獨木舟上瑞秋已經累垮了，道格為了在新婚愛妻面前展現男子氣概，只好獨力將小船划過廣闊的湖面，回到旅館。

在另一天，他們騎馬穿越叢林，在藤蔓和荊棘之間冒著危險疾馳。最後，他們還參加了河畔的洞穴探險，口中咬著蠟燭在寒冷的河水中朝洞穴的深處前進。在游了整整一個小時之後，蠟燭也因潮濕熄滅，他們得跳入下方的一片漆黑中。雖然嚮導保證下面是一池湖水，這依舊是一次對勇氣和信念的最恐怖考驗。瑞秋和道格覺得這其實有一點像婚姻；他們握著彼此的手，一起朝未知的黑暗一躍而下。

在這次蜜月旅之行後，婚姻生活的種種挑戰似乎都不算什麼了。他們將這些挑戰當作是刺激的登山或溯溪，並且不斷地追求嶄新的經驗和冒險。新奇和危險的感覺持續為他們的關係帶來激情，幫助他們將整個婚姻生活視為一場令人期待的冒險。不是每一場探索都必須冒生命危險，但面對新的挑戰和體驗讓他們能夠維持熱情。

「在面對挑戰的過程，有一股力量將我們緊緊綁在一起，讓我們不會將對方的付出視為理所當然，」道格這樣說。

如何對另一半保持熱戀感？

一起面對挑戰或經歷危險會讓兩人的關係更加密切，這個現象並不僅僅發生在道格和瑞秋身上。研究指出，人類對恐懼的生理反應其實與性慾反應十分類似，恐懼和憂慮所造成的徵兆如手心出汗、心跳加速等，也同樣出現在性興奮的時候。你不一定要為了滋潤愛情而去冒生命危險。試試看雲霄飛車或者恐怖電影，或者任何會激起恐懼的活動，你會發現在經歷這些冒險之後，你和伴侶會更為親密。

我們時常看到那些在自然災害或空難的倖存者互相墜入愛河。最有名的例子就是美國名模克莉絲汀・布琳克萊（Christie Brinkley）。她在一九九四年一場直升機墜毀事故中倖免於難，當時另一名倖存的男性乘客並不是她的丈夫。事後沒有多久，她就與當時的丈夫離婚，轉而和那位乘客交往並且閃電結婚。不過這段婚姻也僅僅維持了七個月。

科學家早已發現人類腦部掌管恐懼情緒的右杏仁核（amygdala）同時也連結到感受性興奮的區域（這大概也能夠解釋為什麼青少年男女喜歡在約會的時候去看恐怖片）。這兩者的關聯是如此緊密，就連葛萊梅獎歌手比利・喬（Billy Joel，克莉絲汀・布琳克萊的前夫）也無法阻止妻子投入那個和她一起逃過死劫的男人懷抱。

當我們展開刺激的冒險時，荷爾蒙也發生作用；多巴胺、正腎上腺素（norepinephrine）和苯乙胺（phenylethylamine）在腦中混合。當你戀愛時，苯乙胺就是造成興奮感的化學混合物，能夠讓你和愛人徹夜不眠，聊到天明。從事高強度運動也會增加苯乙胺的分泌（藥物使用和大量攝取巧克力也有同樣的效果）。我們常常哀嘆找不回過去熱戀時對彼此的無盡熱情，但這其實是因為我們的身體有抑制苯乙胺的防護機制（對其他物質例如咖啡因也是如此），讓我們誤以為愛情遭遇瓶頸。如果我們能夠致力於了解彼此對冒險的需求，並且持續和伴侶一起探索未知的事物，我們就能夠重新啟動腦中的愛情化學方程式。

攜手冒險

我們對玩樂和冒險的渴望永遠都不會消失。它可能會進入冬眠狀態，但依舊是人性中最基本的需求，等待著被再度喚醒。

你們可以對彼此提出以下的問題，釐清你們的關係是不是缺乏冒險的元素：

↓上一次兩人在相處時感到好奇或興奮是什麼時候？

↓上一次兩人一起嘗試新事物或活動是什麼時候？

↓上一次你期待美好的事情即將發生是什麼時候？

在生活缺乏冒險元素時，很常見以替代品來刺激多巴胺分泌。所以許多人會攝取含糖食品、巧克力、垃圾食物、酒精，或者其他合法或非法的精神性藥物來填補玩樂和冒險的匱乏。

如果一段關係缺乏兩人能一起從事的冒險活動，將會喪失活力，陷入死氣沉沉的狀態。這段關係只會充滿各種待辦事項，變得索然無味，沒有任何可以激起火花的驚喜。

有許多方法能夠讓你們一起享受冒險。探索任何陌生或嶄新的體驗，就是探索彼此的人生。踏入外在的世界和未知的領域；到附近沒去過的社區散步、去一間新開的餐廳、旅行（未必是遙遠的地方）、交新朋友、和陌生人攀談、手機關機一整天，或者去學嘻哈音樂。無論是什麼活動，關鍵在於新奇的感覺。所以要打破你們的日常、嘗試不同的事物，並且探索玩樂和冒險對你們兩人的真正意義。

你們不一定要用同樣的方式玩樂，也能夠成為共享人生樂趣的幸福夫妻。

冒險並不一定要花大錢、跑去遙遠的異國或者置身巨大的危險之中。重點在於用嶄新的眼光和好奇心來看待世界。你將會有前所未有的體驗。

茱莉喜歡爬山，約翰喜歡研究數學公式。對他們來說，好消息是婚姻幸福和「夫妻有共同興趣」這兩者之間並沒有必然的關係。這意味著你們不一定要用同樣的方式玩樂，也能夠成為共享人生樂趣的幸福夫妻。但你們還是必須追求各自的興趣；你們可以用說故事和分享照片的方式和伴侶介紹自己喜好的事物，談論從事這些活動帶給你的感受。

即使在這件事上你們有完全相反的興趣，你們的關係依舊可以成長和茁壯。但你們得找到共同點，讓彼此對玩樂和冒險的觀點互相契合，就像約翰和茱莉一起划船那樣。

思考你們該怎麼玩樂。如果你們已經很久沒有放鬆一下，想不到任何點子，回憶一下幼年時期你是怎麼玩耍的。在玩樂時你覺得最有趣的是什麼部分？哪一種玩樂方式帶給你最多的活力和快樂？你上一次這樣玩樂是什麼時候？同樣地，也對你的伴侶提出這些問題。

以規劃職業生涯、安排婚姻或者建立家庭的嚴肅態度來制定玩樂計劃，似乎聽起來有些奇怪。但如我們前面強調過的，玩樂在人生中扮演極為重要的角色。玩樂理論家布萊恩・蘇頓—史密斯寫了超過五十本討論玩樂對兒童和成人人生意義的著作。他指出，「玩樂的對立面並不是工作，而是沮喪和消沉。」當玩樂點綴我們的人生時，我們能夠在嚴肅中發現樂趣，在日常生活中找到刺激。

一段沒有玩樂的關係，也同時失去了幽默、調情和想像力。我們都需要放鬆和歡笑。談戀愛可以是一種玩樂，聊天談笑和散步也可以是一種玩樂。你不需要去加入什麼運動聯盟之類的團體，也不需要騰出大量的空閒時間。你需要的是將玩樂的精神融入到你做的任何事情中。

玩樂應該被擺在人生的優先位置上。「等我做完所有工作，我們再來玩樂」是一個錯誤的觀念。如果一開始你覺得難以適應，可以試試看將玩樂安排進每週的待辦事項中。需要去超級市場採購？你可以和伴侶設計一個遊戲來完成這件工作。要付本月帳單了？你們可以在寫支票時互相調情。

你要記得，幸福的婚姻並不代表完全沒有不快的經驗，關鍵在於不斷地營造出愉悅的氛圍。我們之前有提到，在雙方的互動中，重要的是將正面體驗和負面體驗的比例維持在二十比一。玩樂能夠幫助你達成這一個目標。我們都不希望自己成為離婚統計數據中的負面例證，而如同史都華・布朗所說，「當一段關係被剝奪了玩樂的機會，就會淪為一場『誰先受不了』的耐力賽。」這聽起來不太浪漫，是吧？

總而言之，玩樂對你們的關係來說，就和忠誠一樣重要。

小活動5：

我們有多久沒玩在一塊兒？

在約會之前閱讀以下這份清單。在清單中圈出那些你認為可以作為玩樂和冒險起點的項目，然後在你和伴侶最感興趣的三項上打星號。如果你想要更進一步的話，你可以將這份清單作為每週新活動的日程表，一一嘗試。我們也在後面留下一些空白處，讓你自由發揮，填上你們對於玩樂的想法。

□一起去登山或健走
□週末一起駕車去一個你們都想探索的陌生地方
□規劃一次野餐
□一起玩桌遊或紙牌遊戲
□挑選一款電玩然後一起玩
□一起去逛街，買一些兩人都感興趣的事物

□一起準備一頓大餐，邀請朋友來共享
□一起學習烹煮一道異國料理
□一起去嘗試一家沒去過的餐廳
□一起玩傳接球的遊戲
□一起學習一種外語
□一起去騎腳踏車
□一起去溜冰
□一起去租賽格威智能車（Segways）來騎
□一起去划小船或獨木舟
□一起去逛書店，特別是那些你們平常沒有接觸的圖書區
□一起去觀賞野外動物，例如賞鳥或賞鯨，或者去動物園或水族館
□一起學習一項新運動
□一起去看兩人覺得有趣的表演：戲劇、音樂劇、脫口秀、馬戲團或舞蹈等等
□一起去上表演課程，例如演戲、即興表演、唱歌或喜劇表演
□一起閱讀笑話集或詩集；你們也可以輪流唸一則笑話或詩給對方聽

□一起去跳舞
□一起去釣魚
□一起去聽現場音樂會或演唱會
□製作一份兩人可以一起聆聽或共舞的音樂播放清單
□一起去健身
□一起去觀賞兩人最愛的運動賽事，一起為喜愛的球隊加油
□一起享受溫泉或桑拿
□一起演奏音樂
□一起隨著兩人熟知的音樂大聲歌唱
□一起去美術館或博物館
□一起去購物中心採買時，玩間諜遊戲
□去試喝葡萄酒或啤酒，或者試吃巧克力
□一起去登山或爬樹
□互相分享人生中最糗或最好笑的事情
□一起去攀岩

□一起去玩彈簧床

□一起去一間主題樂園

□一起去從事水上活動：游泳、滑水、衝浪、划船或玩帆船

□安排一場特別的約會，假裝這是你們第一次見面。試著挑逗勾引對方

□一起塗鴉、著色和繪畫

□一起製作手工藝品，例如陶器、模型飛機、織品、服飾和木工

□一起臨時舉辦一場派對，邀請任何有空的朋友前來同樂

□一起做瑜伽，或者報名夫妻瑜伽班

□互相幫對方按摩

□一起去陌生的鄰近社區走走

□用非慣用手寫情書給對方

□一起搭公車遊覽市區

□一起熬夜

□一起關掉手機一整天

□一起去上藝術課程

- □一起去上烹飪課
- □一起去上舞蹈課
- □邀情另一對不是那麼熟的夫妻或情侶一起出去四人約會
- □在餐廳、公園或地鐵上一起和旁邊的陌生人聊天
- □一起嘗試一種新運動
- □一起打泥巴仗
- □一起去爬山
- □一起去水肺潛水或籠中觀鯊
- □一起去玩高空彈跳
- □一起去露營或背包客旅行
- □一起去一個陌生國家旅遊
- □一起去參與一項你們一直想嘗試，但又害怕的活動
- □＿＿＿＿＿＿＿＿＿＿
- □＿＿＿＿＿＿＿＿＿＿

本章精華

↓玩樂和冒險是一段成功的幸福關係裡的重要組成因素。

↓玩樂是一輩子的事情。

↓但我們常常將玩樂放在優先次序的最後一位。

↓玩樂和冒險的真諦在於歡笑和新奇。

↓對玩樂的需求根深蒂固在人性裡，特別是腦部的「獎賞系統」。

↓當我們在體驗新事物時，腦中的多巴胺分泌會帶來強烈的快感。

↓有些人需要從事更極端或危險的活動來促使多巴胺的分泌。

↓如果你和伴侶對於玩樂和冒險的想法不同，也沒有關係。玩樂對彼此的意義不盡相同，重要的是互相尊重。

↓如果你根本想不起來上一次和伴侶一起體驗新奇事物、或者上一次對即將發生的事情有所期待是什麼時候，這表示你們的關係嚴重缺乏玩樂和冒險的元素。

↓將一起玩樂視為優先事項，將玩樂的精神融入任何你們一起做的事情。

↓一起玩樂能夠創造出信賴感、親密感和深刻的連結。那些一起玩樂的夫妻能夠擁有長久的婚姻。

約會提點：

如何一起追求人生樂趣？

對話主題：

我們該如何追求人生樂趣？玩樂和冒險在我們的人生中扮演了什麼樣的角色？

事前準備：

思考你們要如何玩樂，想要展開什麼樣的冒險。複習本章節，並且特別注意那些讓你感到共鳴的部分，想想你心中的玩樂和冒險是什麼樣貌，還有你對玩樂和冒險的需求是否有得到滿足。你和伴侶在未來要如何一起玩樂？你們可以一起參與哪一種冒險？對你自己和伴侶的答案保持高度的好奇心。你可能會對自己的想法感到驚訝，而和伴侶一同體驗新事物的想法，也會促進你腦中的多巴胺分泌，產生快感。

地點：

選擇一個你們從來沒有去過的地方。去公園或屋頂野餐，或者和朋友交換公寓。你們可以爬上一棵樹，兩人並肩坐在樹幹上對話。或者以水上活動作為約會的方式。你們也可以開車隨意跟隨著路上的另一輛車，看對方會帶你們到什麼地方。任意揮灑，想出各種不同的冒險的地點。對未知的事情充滿好奇和期待。試著在一些特殊的時間約會，例如凌晨或半夜，或者兩人本來都應該在工作的時間。這場約會的關鍵在於新奇感和刺激，所以讓你的創意自然流露。

建議：

在討論開放式問題時，你們可以上網尋找一些附近的隱藏祕境。你們也可以上「地理藏寶」的成人尋寶遊戲網站（https://www.geocaching.com/play），用你的全球定位系統看看附近是不是有能夠探索尋寶的地點。

在家約會：在住家附近挑選一個美麗的地點。你可以和伴侶玩另一種尋寶遊戲，留下一張紙條給對方，讓他根據線索去找到你的所在。同時你可以在那邊準備好一頓豐盛的野餐，給對方一個驚喜。

小叮嚀：

記得你在前面那份清單中圈選和打星號的項目嗎？準備好和伴侶討論彼此對玩樂和冒險的選擇，了解對方認為有趣的是哪些事物。這時候你們就能夠發現彼此興趣重疊的地方，進而可以共享這些活動。如果你們沒有任何共通點，只要記住玩樂和冒險的真諦在於踏入未知的領域。哪些新事物是你的伴侶最想要嘗試的？

如何預防摩擦：

↓對伴侶關於玩樂和冒險的看法保持開放的態度。

↓記得冒險包括了探索未知的事物和離開舒適圈。別忽略自己的恐懼，但也不要輕易屈服。

↓問你的伴侶為什麼玩樂和冒險對他來說有很重要的意義。

↓別嘗試強迫你的伴侶以你喜歡的方式進行冒險。

↓當伴侶向你描述他想要的冒險方式時，懷抱著興奮和好奇心聆聽。

↓即使伴侶喜歡的玩樂方式跟你截然不同，也不要批判對方。

↓試著信賴彼此，一起擁抱未知的事物。

可以深入討論的問題：

在檢視並討論彼此的清單後，互相提出以下的問題：

↓玩樂和冒險對你的意義是什麼？

↓當你還小時，都是怎麼玩耍的？

↓在這幾年的玩樂／冒險中，你覺得最好玩的是什麼？

↓你認為我們該如何享受更多玩樂時光？

↓跟我分享你過去的冒險經驗。

↓你最近的冒險活動是什麼？

↓你現在最期待、最興奮的是什麼事情？

↓你理想中我們兩人一天的冒險行程是什麼樣子？

↓在你離開人世前，你最想要完成什麼冒險？

確認我們會繼續共享彼此的未來：

輪流大聲唸出以下的聲明。在唸誦時，記得保持目光的接觸。

我承諾我們在接下來的三週裡會一起以以下的三種方式參與冒險，我也承諾我會將玩樂的精神融入到一起相處的日常生活中：

1. ____________________

2. ____________________

3. ____________________

DATE
7

信仰的寄託：心靈成長

「我們很年輕的時候就相識了，」艾莉卡說，「那時傑克才十八歲，我才十六歲。每個人都說我們不可能一直走下去。『沒有人可以和初戀情人修成正果。』我都不知道聽過幾百次這句話了。」傑克和艾莉卡如今分別是三十二歲和三十歲。

「我的人生幾乎有一半是和艾莉卡一起度過。剛認識她的時候我只是個小混混。表面上囂張跋扈，其實內心缺乏安全感。現在的我已經是一個完全不同的人了，」傑克接著說，「而她陪伴我經歷了這一切的轉變。」

「並沒有完全不同，」艾莉卡說，「你改變了很多，但現在的你仍然是那個我在傲慢表面下發現的小男孩。」

傑克和艾莉卡結婚已經六年了。「我們好像已經歷了人生所有的階段，」艾莉卡說，「我現在無法想像接下來的人生會是什麼樣子，但我們很早就經歷過深刻的改變，所以如果我們其中有一人想做一些瘋狂的事情，像是去修道院出家或者自己環遊世界，我們也不會感到太震驚。」

「我們和剛開始約會時的那兩個人已經大不相同；而五年之後的我們也會和現在的我們不一樣。」傑克繼續說，「見證彼此的轉變是很令人激動的，我們在改變和成長的過程中也支持著對方。這是一個不斷認識自己和伴侶的過程。」

當艾莉卡第一次遇見傑克時，他是個不折不扣的壞小子。「他有少年犯罪的前科。他是那種痛恨一切權威的迷途浪子，一直對世界充滿憤怒。我從來沒有和這樣的男孩子約會過。不用說，我爸媽一點也不喜歡他，也用盡所有方法要讓我遠離他。但這樣只讓我覺得這個男生更加有趣。現在爸媽也很愛傑克，但這花了很久的時間才走到今天。好幾年吧。現在我爸也常常打給傑克問他的意見。看著我們自身和這段關係的轉變，真的難以置信。」

年輕時的傑克沉浮在酒精和用藥之中，現在他已經戒掉這些東西達十年之久。「我必須好好審視自己，找到人生的目標和意義。以前我擁有的只有酒精和大麻，以及滿肚子的憤怒。當我放棄這一切時，我幾乎不認識自己了。我尋求心理諮商，也參與了十二階段的互助會。我終於找到了更崇高的力量；那不是來自於我對上帝的信仰，但確實有種神聖的感覺。我終於豐富了自己的心靈。我開始靜坐和祈禱，我認為這是在傾聽整個宇宙，和外在世界對話。這和我信不信上帝無關。重要的是我掌握了更崇高的力量，提升了自我。以前，在我桀驁不馴的外表下只有對人生的恐懼。要不是艾莉卡在我二十一歲時給予我正面的能量，我可能會永遠錯過生命中最美好的事物。我會錯過和她在一起的機會，而輔導問題少年也不會成為我現在追求的事業。我一直都不擅長教誨別人，但我可以很確定我現在是一個擁有精神生活的人；我的工作對其他人有深遠的意義。現在的我與她當初約會的對象是完全不同的一個人。」

一段關係並不只是兩個人的結合，它也代表了轉變的故事，同時也能夠對社會產生意義和貢獻。

對艾莉卡來說，剛開始面對煥然一新的傑克並不是一件容易的事。「我不太確定哪一個才是真正的他。是那個理性、體貼、自省又樂於助人的男士，還是那個永遠會失控和只知道及時行樂的小流氓？我想我愛上了這兩個不同的傑克。」艾莉卡說。「在二十一到二十五歲這段期間，他改變了好多。我甚至有點覺得他會超越我的成長。他真的啟發了我，讓我看見人生和工作中真正重要的事物。我們之間有過無數次的對話，談論到我們該如何度過這段人生；我們也變得更加親密。結婚時，我們互相承諾要擁抱對方真正的自我。這個承諾促使我們去嘗試新的事物，用不同的方式去認同自己的身分。因為傑克，我也開始練習打坐。我還參加了一場為期十天的靜坐研習。在這整整十天裡面不說話不書寫也不閱讀任何東西。我必須面對心中所有的喧囂塵念、所有的不安和自我懷疑。這是很令人驚奇的過程。最後，我決定辭去原本的行銷工作。我一直假裝自己喜歡這份工作，因為那是一間很大的科技公司。這意味著我放棄了豐厚的薪資。我決定要追求藝術創作，所以我開始學畫。傑克明白這對我來說很重要，他也全力支持我。我們搬進一間套房公寓，也不再訂閱有線電視。我們做出了很多改變，在每一個階段都和彼此對話。我感到兩人在一起凝聚了強大的力量，無論想完成什麼事，我們都知道另一半會站在身邊堅定地支持。這讓人生變得趣味盎然。我們並不想要有小孩，所以只有我們兩人會一起探索這個美妙的人生。」

「這很奧妙，」傑克說。「我沒有其他辦法去解釋。人生和心靈、成長和改變，這些對我們來說就是最刺激的冒險。」

「這是最棒的人生，」艾莉卡說。「我們並不富有，但是我認為金錢不能買到我們現在擁有的事物。我們的人生有意義，這才是最重要的。」

當夫妻或情侶能夠成長和改變，而另一半也能夠支持這樣的過程時，美妙的事情將會降臨在這段關係中。兩人結合的力量永遠大於孤軍奮鬥。一段關係並不只是兩個人的結合，它也代表了轉變的故事，同時也能夠對社會產生意義和貢獻。

創造共同的人生意義

每一段關係就像人生一樣不斷地變動。關鍵在於兩人該如何調適另一半的成長和改變。在愛情關係中，一個人藉由和另一個不同的心靈交流而成長。兩個不同的人自然會以不同的眼光看待世界，對人生也有不同的需求。每一段關係中都會有一些不和諧的面相。毫無疑問，任何的改變，包括心靈上的變化，都有可能是造成衝突的來源。但是在愛情關係中，衝突就是我們成長的方式，我們必須展開雙臂迎接衝突，才能夠學會更愛身邊的人，以及如何透過不同的視野理解對方，進一步促成個人和這段關係的成長。

你的目標不是將對方變成和你一樣的人；這是維繫一輩子愛情的關鍵。

你的目標是從彼此不同的地方學習，並且從中獲得提升自我的機會。當你在面對和處理溝通困難或情感疏離時，你也會隨之成長。只要你能夠試著了解伴侶的心靈，這些困難或疏離就並非毫無意義。

每一次你們一起遭遇人生中無可避免的掙扎、一起成長並克服困境，你們都是在創造特殊的意義，這也會讓你們維持長久的關係。

研究顯示，那些將婚姻視為神聖的夫妻通常有較為融洽的關係。但我們必須先區別這種神聖是「宗教性」還是「精神性」。所謂「宗教性」指的是夫妻會固定參與禮拜儀式，並且遵守特定宗教的規範。而「精神性」指的是夫妻將彼此之間的關係視為神聖不可以打破。

在交叉比較之下，那些沒有特定宗教信仰，但是將婚姻視為神聖的夫妻比那些信仰虔誠的夫妻要擁有更幸福穩定的婚姻。另一項類似的研究也指出，當夫妻將性愛視為神聖或者受宗教信仰祝福時，他們發生性行為的頻率會更高也更有品質，同時也會擁有更高的婚姻滿意度。

另一個有趣的現象是，其實不同的宗教信仰並不太會造成婚姻中的衝突。根據皮尤研究中心的報告，夫妻之間共同的興趣、高品質的性愛和妥善的家務分工要比擁有共同的宗教信仰重要多。如果你們能找出或創造出更多的共同意義，你們的關係就會更深刻、豐富，也會給予你們更多的情感回饋。

所以該如何在關係中創造共同意義？如何營造婚姻的神聖氛圍？你可以做的是設計出屬於你們自己的儀式，來深化彼此的連結。

這些生活中的儀式非常重要，能夠維繫你們之間的情感羈絆。我們所建議的其中一項儀式當然就是每週一次的約會。你們也可以創造一些日常生活中每次道別或見面時的小儀式，例如先前提過的六秒鐘長吻。思考一下，你們會如何慶祝人生中的勝利時刻，不管是大事或小事。對你們來說，怎樣做才會有特別的感覺？思考當你們感受到疲倦或者遭遇失落和挫折時，你們能夠進行什麼樣的儀式來緩解這些困境；該如何支持伴侶克服挫敗感和療傷止痛？想想看你平常和社群朋友有哪些交際儀式，包括生日慶祝和其他特別的場合。

自由發揮你們的想像力，不要受到任何侷限，創造出屬於你們兩人的共同意義和儀式。誠實地去探索彼此真正在意的事情。互相分享各自一天的經歷也可以是一種建立連結的儀式。溫柔地去挖掘另一半的壓力或擔憂的來源。營造出一個有安全感的空間來交流彼此的內心世界，這也是另一種建立儀式的方法。不單單是你們在一起的時刻，就算分隔兩地，你們也還是要掌握機會，將關係中一切美好的事物神聖化。

成長和改變

營造出安全感，讓彼此能夠分享陌生的經驗，並且對伴侶的成長保持真誠的好奇心和體貼。如此一來，你們就能夠調適發生在關係中的任何變動。當個人成長時，關係也跟著成長；當個人轉變時，關係也跟著轉變。

小活動6：

找出人生共同意義

透過回答以下的問題來思考你和伴侶該如何創造人生中的共同意義。如果你發現有些問題情境並不符合你們的狀態（比如說，有些問題是關於家庭和小孩，有些是關於同居，如果你們沒有小孩也沒有同居，那這些問題就不適用），你可以跳過它們、修改成符合你們的情境，或者標記起來作為未來的討論題目。

建立連結的儀式

1. 我們對於在家裡一起享用晚餐的儀式有達成共識。

□是　□否

2. 節慶聚餐（例如感恩節、聖誕節、逾越節）對我們來說是很重要且快樂的時光。

□是　□否

3. 每天工作回家的重逢對我們來說是很重要的時刻。

□是　□否

4. 對於電視在家裡扮演的角色，我們有達成共識。

□是　□否

5. 同床共枕的時刻對我們來說是重要的親密時刻。

□是　□否

6. 我們在週末假期時會一起或各自做喜歡的事。

□是　□否

7. 對於家裡的娛樂活動（例如邀請朋友來訪、辦派對等等），我們有相似的想法和期望。

□是　□否

8. 我們都很重視（或討厭）特殊日子的慶祝（例如生日、結婚紀念日、家人團聚等等）。

□是　□否

9. 當我生病時，有感受到伴侶的關照和疼愛。

□是　□否

10. 我很享受我們共度的假期和旅行。

□是 □否

11. 一起共度早晨時光對我們來說很特別。

□是 □否

12. 當我們一起工作時，我們通常都很開心。

□是 □否

13. 在我們感到疲憊時，我們有特別的方式來一起恢復活力。

□是 □否

在完成以上的問卷之後，如果你發現你的答案中「否」占了多數，試著和伴侶討論以下的問題來創造屬於你們的連結儀式。

↓在一起享用晚餐時，該如何讓晚餐成為屬於我們的特別時光？共進晚餐的意義是什麼？在我們各自成長的家庭中，晚餐時刻是什麼樣子？

↓每天早上我們是怎麼道別的？在我們各自成長的家庭中，父母每天早上又是如何道別的？每天下班重逢時，我們對彼此有什麼樣的表示？

↓每夜準備就寢前我們有什麼互動？在我們各自成長的家庭中，父母又是怎樣互道晚安的？

↓週末假期對我們各自的意義是什麼？在我們各自成長的家庭中，家人是如何共度週末的？我們該怎麼做來讓週末假期有更深刻的意義？

↓在我們各自成長的家庭中，家人如何共度假期？我們希望假期帶來什麼樣的感受？

↓挑選出一個特殊的節日。這個節日對我們的真正意義是什麼？今年我們該如何慶祝這個節日？我們各自成長的家庭是怎麼慶祝這個節日的？

↓我們如何讓自己煥然一新，重新充滿活力？這方面的儀式對我們來說有什麼意義？

↓當我們之中有人生病時，我們會用什麼樣的方式關心對方？在我們各自成長的家庭中，生病的人是如何受到照顧的？在我們的關係中，我們是否也能創造出一系列關愛彼此的儀式？

小活動7：
找出人生共同目標

你們兩人都有各自的人生目標，也有作為夫妻的共同目標。這些目標其實標示出了你們將會經歷的改變。它們可以是以增進實際生活為目的，也可以是精神上的陶冶。目標也可能會與你一生的夢想有關，我們會在下一個章節裡詳細討論這個部分。現在你的任務是探索個人目標和共同目標對你們的意義。完成以下的是非題問卷，如果有些問題情境並不符合你們的狀態，你可以跳過它們、修改成符合你們的情境，或者標記起來作為未來的討論題目。

你的目標

1. 我們有許多共同的人生目標。

□是 □否

2. 如果在年老時回首過去，我會發現我們的人生道路完美地融合在一起。

□是 □否

3. 我的伴侶很看重我的成就。

□是　□否

4. 我的伴侶很尊重我（與兩人關係無關）的個人目標。

□是　□否

5. 對於其他重要的人（小孩、親戚、朋友或社區鄰居），我們都有共同的關心與目標。

□是　□否

6. 關於財富，我們有很相似的目標。

□是　□否

7. 對於可能發生的財務危機，我們都有同樣的憂慮。

□是　□否

8. 我們的人生夢想十分相似或彼此相容。

□是　□否

9. 作為個人和伴侶，我們對養育小孩、總體生活和年老時的希望和志向是彼此相容的。

□是 □否

10. 就算是在意見不同的時候，我們還是能夠找到互相尊重彼此人生夢想的方式。

□是 □否

在完成以上的問卷之後，如果你發現你的答案中「否」占了多數，試著和伴侶一起討論以下的問題，探索你們的目標和這些目標的意義。

↓試著寫下一段給自己的頌詞。在離開人世之後，你希望世人記得你的什麼特質和成就？

↓對於你自己、你的伴侶和你的小孩（如果有的話），你有什麼樣的人生目標？在接下來的五到十年間，你希望達成什麼樣的成就？

↓我們常常將時間花在那些需要立刻處理的瑣事上。但是在人生中，哪些重要的事情需要你真正騰出時間，使之成為帶來能量和樂趣的泉源？這些重要的事情是不是總是因為一些生活瑣事而延宕？

→宗教信仰和心靈陶養在你們的人生中扮演什麼樣的角色？在你們各自成長的家庭中又扮演什麼樣的角色？你希望現在和未來你們的關係有什麼樣的宗教／心靈活動？

作為獨立的個體，你會不斷地隨著時間的演進而成長和改變。在理想的狀態下，你會將你的個人成長融入到婚姻中，讓你們的關係隨之進化。創造出兩人共有的連結儀式和人生目標，並且將之視為神聖且富有精神意義，這比去追求同樣的宗教信仰或習俗更為重要。

本章精華

↓「改變」是一段關係中亙久不變的現象。
↓在一段關係中，最重要的是互相調適對方的成長和改變。
↓當兩人能夠不斷成長並且接受彼此的改變，美妙的事情就會降臨在關係中。
↓一段關係不只是兩個人的結合，它也代表了轉變的故事，同時也能夠對社會產生意義和貢獻。
↓一同面對困境，並且從中找到人生的意義，你們的關係就能夠長久。
↓研究顯示，如果一對夫妻將婚姻視為神聖不可侵犯，他們的關係會更為幸福。
↓當個人成長時，關係也跟著成長；當個人轉變時，關係也跟著轉變。
↓創造出共同的人生意義和連結儀式，讓你們的關係更有精神深度。

約會提點：

我們各自在這段關係，經歷了哪些成長和轉變？

對話主題：

在這段關係中，我們各自都經歷了哪些成長和轉變？心靈與精神性對我們來說有什麼意義？我們又如何表達這方面的內涵？

事前準備：

思考一下成長、改變和心靈陶冶在人生中的意義。完成前面的是非題問卷，並且回答關於連結儀式和人生目標的問題。複習本章節的內容，特別注意那些讓你有共鳴的想法，思考心靈陶冶和宗教信仰對你來說有什麼樣貌，以及你們想要在關係中建立哪些連結儀式。想想看你們各自經歷了哪些改變：個人的轉變也為整段關係帶來了什麼樣的變化？

地點：

無論是室內或戶外，這次約會的地點應該是一個美麗且帶有神聖氛圍的地方。你們可以去宗教禮拜的場所，例如寺廟、清真寺、猶太教堂或基督教堂。你也可以考慮在附近的禪學靈修中心，或者其他和性靈有關的場所進行約會對話。

建議：

你的目標是以各種方式向伴侶表達尊重與欽慕。你可以使用一些喚起記憶的小事物，例如拍攝紀念影片，向對方表示你的愛意。你也可以和另一半一起重溫以前一起拍攝的甜蜜照片，收集一些有紀念性的物品，裝飾在照片的四周。仔細挑選這些物件，它們必須要代表你們之間共同的人生意義。

在家約會：如果你們選擇在家裡進行這場約會，將這些具紀念性的物件融入約會的過程中。先以五分鐘的沉默開場，你們可以一起靜坐片刻，或者一起祈禱。將這場約會視為神聖且富含深刻意義的交流。

小叮嚀：

攜帶本章節的問卷和你們的答案，準備好一起討論彼此的回答。

如何預防摩擦：

- 保持謙卑的態度，懷抱著好奇心來聆聽伴侶對於心靈成長的看法。
- 保持開放的態度，不要批判對方的想法。
- 在提出問題之前，不要假設自己已經了解對方。
- 如果對方說的話讓你感到害怕或危險，在聆聽完之後讓他知道你的憂慮，而不是直接打斷對方。
- 記得兩人之間的相處並沒有誰對誰錯的問題，彼此的理解和兩人的幸福永遠比「正確」的事情重要。

可以深入討論的問題：

在檢視並討論彼此的清單後，互相提出以下的問題：

↓在你還小的時候，你的家人是如何對待神聖的事物？他們的做法帶給你什麼樣的感受？他們是否有宗教信仰？如果有的話，他們平常如何進行宗教活動？

↓你認為什麼事物是神聖的？為什麼？

↓在最艱難的時刻，是什麼支撐著你度過困境？

↓你如何找到內心的平靜？或者什麼能夠為你帶來平靜？

↓在人生的過程中，你的心靈或宗教信仰是否有改變？如果有的話，是如何改變的？

↓你在人生的哪一個方面成長最多？

↓你在人生的哪一個階段成長最多？你是如何改變的？

↓在心靈陶冶和宗教信仰方面，你希望留給小孩什麼樣的信念（如果你們有小孩或者計劃在未來生養小孩）？

↓我該如何支持你的人生計劃？

↓對於內在的自我改變和個人成長，你有什麼樣的感受和想法？你會希望這些改變為這段關係帶來什麼發展？

確認我們會繼續共享彼此的未來：

輪流大聲唸出以下的聲明。在唸誦時，記得保持目光的接觸。

我承諾會與你一起成長和學習，追求這段關係中的共同意義。我也承諾會創造出以下三種連結儀式：

1. ______

2. ______

3. ______

DATE 8

讓彼此發光：夢想

凱夏和艾力克斯發現他們很難一起討論彼此的夢想。

「我該如何將夢想和工作分開？當然，我很渴望成為藝術家，」艾力克斯說，「但我有帳單要付。有多少藝術家可以靠創作撫養整個家庭？有多少人可以真的藉由追求夢想來維生？這個話題讓我覺得很不自在。」

凱夏稍微緩和了一下討論的氣氛。「但你不能就這樣放棄夢想。如果我知道你想要成為藝術家，我也會在你身邊幫助你。在週日我可以負責更多家務，讓你有時間畫畫。如果我根本不知道你的夢想是什麼，我又怎麼能夠支持你呢？我們可以先從小地方開始；比如說在一些咖啡廳展示你的作品，我還可以幫每一幅畫加上一些點綴的文字。」

「我也許可以在週日早上騰出幾個小時來畫畫。我可能畫得很糟，因為我已經好幾年沒有拿畫筆了。」

「如果畫畫對你來說有深刻的意義，我想要支持你，」凱夏說，「我們是站在一起的。」

「那妳呢？妳自己的夢想怎麼辦？」

「我不知道，」凱夏想了幾分鐘。「我猜我的夢想是有一天去秘魯的馬丘比丘走走，我一直都很想去那裡。那個地方有什麼在呼喚著我。然後我也想參與一些競賽性的活動。我以前是很棒的運動員，但是自從高中畢業之後就再也沒有參加過球隊了。我想也許可以去業餘足球聯盟踢踢球吧。能夠像以前那樣揮汗運動也是我一直以來的夢想。只是我們的工時真的很長，沒辦法挪出時間。」

「看吧，」艾力克斯說，「工作是扼殺夢想的元凶。」

「嗯哼，沒人會付錢請我去踢球。但我們還是一起來想辦法，看能不能騰出一些時間來追求這些夢想。光想我就覺得興奮呢。」

我們之前已經討論過，工作理所當然會占據生活的主要時間和消耗大部分的精力。如果你們只能維持收支平衡，或者身上背著學貸，或者從事的是工作量極大的職業，那你們原本的夢想自然會受到忽略。我們已經付出許多心力在伴侶和工作上，看起來似乎沒有其他的空間來追求夢想。

但是夢想非常重要，無論是你的夢想還是伴侶的夢想，或者你們共同的夢想。在一段關係中，兩人一同懷抱夢想並且支持對方去追求各自的夢想，這和信賴、付出以及性愛一樣重要。

我們之前說到，約翰在週年蜜月時還每天工作十六個小時，導致了那場旅行災難般的結局。一年之後的七月，約翰和茱莉又再一次籌劃了週年蜜月。這次，約翰一本書都沒有帶。他們一起享受划船的悠閒時光，專注在彼此身上，用心地討論他們的人生和夢想。他們想要了解該如何幫助對方實現這些夢想；他們專心聆聽，然後細心地做筆記。

儘管約翰和茱莉已經同居多年，也在職場上共事了很久，他們依舊對彼此有著許多問題：

- 對於日後工作的改變你有什麼看法？
- 在目前的生活中，有什麼讓你感到興奮和期待？
- 你對未來的最大憂慮是什麼？
- 你認為在未來我們該如何享受更多樂趣？
- 你認為你的人生還缺少什麼？

年復一年、約翰和茱莉在每一次蜜月時都不斷地問這些問題，這就是為什麼他們能夠享有長久的幸福婚姻，也是本書一直以來強調的重點。

這是他們在工作和個人的層次上都學到的核心奧祕：認真討論這些問題，你就能發現愛情長久的祕密。茱莉跟約翰分享她希望攀登聖母峰的夢想，而約翰也告訴茱莉他渴望主持一個獨立的研究機構，後來他們兩人也一起創立了愛情關係研究機構。茱莉也告訴約翰，她希望幫助全世界那些不幸福的夫妻和孩子，這個夢想與約翰的夢想相輔相成，最終的結晶就是高特曼研究機構。

每一年，約翰和茱莉都重新想像他們的未來。

在一段關係之中，一起懷抱夢想是伴侶間最深刻的互動。認同對方的夢想是一個能夠展現關懷的強大力量，能夠讓對方知道你對他的愛有多深。沒錯，你們在感情上對彼此忠誠，但你們是否也能夠支持另一半認為神聖且重要的夢想？當兩人互相肯定並鼓勵彼此的夢想時，關係中的一切都會變得自然且輕鬆，因為你和伴侶在形塑自我的道路上都得到了另一半的全心支持。

每個人都有自己的人生目標和夢想。在面對日常生活的瑣事、職場工作、家務，甚至感情關係時，要記得別因此犧牲了這些目標和夢想。

艾力克斯現在的夢想是精進畫技，在未來的某一天能夠以藝術為職業。只有時間才能夠見證這個夢想是否能實現，但當下最重要的就是來自凱夏的支持。即使凱夏也擔心他們會入不敷出，或者無法成家立業，她依然認同並尊重艾力克斯的夢想。

相互理解

初戀時，道格和瑞秋瘋狂地愛著對方；他們對彼此是如此著迷，甚至可以一整個晚上什麼也不做，就這樣深情對望。兩人似乎無法忍受不在一起的一分一秒，所以當道格說出他的夢想時，讓瑞秋大吃一驚。

「我想去以色列住一年。我必須去探究自己的根源，這對我來說很重要。」瑞秋在驚愕之餘告訴道格，如果這是他渴望的，那就放手去做。

「既然這件事對他來說那麼重要，我沒有什麼理由去阻止他。對一段剛剛開始的關係來說，一年是很長的時間。但我知道這是他的夢想，我知道我不能只想著自己。」分隔兩地的時光很艱辛。當道格從以色列回來時，他又有了另一個夢想，那就是去紐約展開他的出版事業。但此時的瑞秋才剛要在距離紐約三千公里遠的地方讀醫學院。

「當時，」道格說，「我們得好好談談，因為我們各自的夢想將會使我們在地理上距離遙遠。我很擔心我們的感情也會跟著疏遠。」

道格最後決定放棄紐約的事業，搬到瑞秋醫學院的所在地。他減少了自己的工作量，扮演起了家庭主夫的角色。

「我們最後決定，這段關係的未來發展性，對我們來說才是最重要的夢想。」三十一年之後，瑞秋表示在這段關係裡，最讓她感受到被愛的，就是道格一直都很尊重她的個人夢想。

「我們所學到的，」她說，「是感情並不會阻礙兩人去實現自己的夢想。但你們不能急著想要一次完成所有事情。我們學會輪流去做自己想做的事，無論遇到什麼樣的困難，都全力支持對方。」

在進入一段關係之後，請仍然堅持自己的夢想。

瑞秋原本想要再生一個小孩，卻生出了一對雙胞胎。道格當時也願意一人身兼二職，每天通勤幾個小時去工作，來支持瑞秋對家庭的夢想（她的母親也搬過來住了半年，一起幫忙照顧雙胞胎）。當道格想要離開原本的出版社，成立出版經紀公司來幫助那些懷抱改善世界志向的作家時，瑞秋也全心全意地支持他，儘管他們根本不知道這樣的公司該怎麼經營，也對是否能成功毫無信心。但是，瑞秋願意在急診部超時工作，讓道格能夠追求這個夢想，慢慢讓新創立的公司步上軌道。

當瑞秋想要辭掉醫院穩定的工作，放棄豐厚的薪水去開設自己的診所時，道格也表示支持，雖然這又是一個在財務上風險很高的決定。後來瑞秋因為管理困難而關閉了診所，但是道格也沒有要她回去醫院上班，過每十分鐘就要看一個病人的生活。因為他知道這樣的工作會消磨妻子的意志，傷害她的靈魂。相反地，他鼓勵瑞秋再嘗試一次。瑞秋以更聰明和節省的經營方式讓新診所蒸蒸日上。這次的成功也滋潤了她的心靈。

在道格想要一償寫小說的宿願時，瑞秋也支持丈夫，即使這意味著他會早起並且熬夜寫作，或者占用掉週末家庭遊玩的時光。他們決定，在各自追求夢想時，只要維持住基本的生活品質即可，因為他們知道實現夢想比擁有豪宅或名車更重要。道格和瑞秋一直以來都相信，婚姻中最重要的不是滿足生活上的需求，而是支持對方將天賦與才能發揮出來，對世界有所貢獻。總而言之，他們輪流做出犧牲去支持彼此的個人夢想，然後也一起完成貢獻社會的共同夢想。

每一個人在愛情中多少都有所犧牲，但不要因此放棄夢想。夢想一旦因為被壓抑而放棄，只會讓苦澀和憎恨在心中孳生，不願再投注熱情和希望，導致兩人產生距離感。

作為伴侶，我們必須幫助對方找到投注熱情和追求夢想的方法，無論這些夢想是工作志向或者興趣嗜好。如此一來，你們才能夠維持這段關係的情感熱度和活力。

沒有人希望另一半喪失生活的動力。在進入一段關係之後，你們依舊要堅持自己的夢想。追求你的夢想，並且和你的伴侶一起分享實現夢想的喜悅。

成為另一半的夢幻隊伍

你的伴侶心中一定有著你不知道的夢想。事實上，我們許多的夢想都是來自於兒時記憶。這些願望我們稱之為「深層夢想」，我們會在下面的演練中列出最常遇見的共同夢想。

你心中每一個「深層夢想」都非常重要且美好，值得分享給你的伴侶。如果你的夢想是旅行和冒險，你的伴侶的夢想是來一趟提升心靈的旅程，那你們的夢想就有了交集（比如說可以一起去耶路撒冷或麥加等聖地旅遊），但也不一定會完全契合。重點在於不要對伴侶隱瞞自己的願望。無論你的夢想是關於提升自我能力，或者建立某項事業，都要說出來和伴侶分享。

不管是遠大的志向或小小的願望，**當你隱藏自己的夢想時，你也隱藏自我最重要的**

部分，同時也阻礙了兩人之間親密度和連結的發展。夢想代表的是渴望，如果伴侶對你的渴望一無所知，那衝突就很有可能會發生。如果你刻意去壓抑，夢想也不會就此消失；它依然會存在你的心中，成為關係中衝突或僵局的催化劑。避免這種衝突的最好辦法就是坦率地說出你的夢想，無論大小。你也要尊重伴侶的夢想，儘管它們可能和你的夢想截然不同。

如果你的伴侶告訴你他渴望攀登聖母峰，別急著去談論可能花費的時間和金錢。你要先探索他為什麼會有這樣的渴望；這個夢想對他的意義是什麼？實現這個願望會帶來什麼樣的感受？在你和伴侶的每一個夢想背後都有一個故事。你們必須傾聽彼此的故事。

一起懷抱夢想。

一起發揮想像力。

只要你們並肩站在一起，任何聽起來天馬行空的夢想都有可能實現。

這個世界需要你們去實現夢想。在追尋夢想的過程中，我們會得到無上的喜悅，並且挖掘出我們能夠貢獻給世界的天賦和才能。

小活動8：

夢想的層次

閱讀下面的深層夢想清單，看看是不是與你心中的夢想相符，或者是不是激發出你新的渴望，或讓你想起一些你已經遺忘的夢想。

1. 在以下的清單中圈出你的夢想，如果清單上沒有的話，在空白處寫下你的夢想。準備好在這次約會中和伴侶分享作答的結果。
2. 請分別由內而外畫出三個圓，請在中心圓裡寫下你最重要的夢想（夢想#1）；在中間的圓裡寫下次要的夢想（夢想#2）；最後在外圈裡寫下最後一個夢想（夢想#3），這個夢想如果能夠實現也很棒，但是它比較是屬於那種無關緊要的願望。在下方的清單標示出最重要的三個夢想（包括你自己在空白處補上的夢想）。

→擁有更多自由

↓感受到平靜
↓體驗與大自然合而為一的感覺
↓探索自我
↓擁有精采的冒險
↓進行一趟心靈／宗教之旅
↓為正義奮鬥
↓擁有榮譽感
↓治癒過去的傷痛
↓建立一個家庭
↓發揮我的潛能
↓掌握權力，發揮自己的影響力
↓以優雅的姿態迎向老年
↓探索自己有創意的一面
↓幫助他人
↓精通一項技術或學問

↓喚醒一段過去的自我

↓克服心中的恐懼

↓井然有序的生活

↓更有生產力

↓能夠真正地放鬆

↓反思自己的人生

↓完成一件重要的事

↓鍛鍊身體或成為運動員

↓參與競爭並且贏得勝利

↓環遊世界

↓彌補錯誤，請求上帝或他人的原諒

↓建立某項重要的事業

↓結束人生中的某一篇章，向某人／事道別

↓____________________

↓____________________

↓ ____________________

↓ ____________________

● 你的夢想層次：

夢想＃1：__________

夢想＃2：__________

夢想＃3：__________

● 伴侶的夢想層次：

夢想＃1：__________

夢想＃2：__________

夢想＃3：__________

本章精華

↓互相尊重對方的夢想是愛情長久的要素。

↓感情關係是人生中的重要夢想，但是關係中的雙方各自都有重要的個人夢想。

↓你們可以完成各自的夢想，但這很難同時發生。有時候你們都必須做出犧牲。

↓尊重伴侶的個人夢想是展現愛意的好方法。

↓在一段關係中，如果兩人的夢想都得到尊重，一切都會變得容易許多。

↓每一個人都有一個人生夢想或目標。

↓沒有人應該為了感情關係而犧牲自己的夢想或目標。

↓如果你們不分享彼此的夢想，又該如何幫助對方實現？

約會提點：

夢想對彼此的意義是什麼？

對話主題：

我們心中最大的夢想是什麼？我們該如何幫助彼此實現這些夢想？我們該如何一起懷抱夢想？

事前準備：

複習本章節的內容，特別是那些引起你共鳴的想法，思考夢想對你的意義是什麼。完成上面的演練，將寫好三個重要夢想的同心圓圖形帶到約會上。記下那些你想追求的夢想，準備好講述這些夢想背後的故事，並且和伴侶分享實現這些夢想會帶來的感受。

地點：

挑選一個能夠激發靈感的地點。你們可以在一個能看見地平線的地方約會，一起欣賞日出或夕陽。任何具啟發性的美麗景點都是不錯的選擇。

建議：

如果有一個特定的地點和你們的共同夢想有重要的關聯（例如在某個社區買房子或者在某個商業街區開烘焙房），你們也可以在這個地方挑選約會的場所。

在家約會：在屋頂或後院裡裹在同一條毯子裡，一起觀賞星空。在討論彼此的夢想時，對著每一顆星星許下一個願望。

如何預防摩擦：

↓不要批判伴侶的夢想。不要質疑或輕視，或者說這個夢想不可能實現。

↓在完全理解伴侶的夢想之前，不要急著以實際的態度評論，這會瞬間澆熄對方的熱情。即使伴侶的夢想確實不切實際，也不要直接說出來。

↓記得你永遠不知道未來會發生什麼事，一切都充滿可能。

↓提出問題去了解伴侶的夢想，包括那些孕育出夢想的兒時記憶。

↓試著去了解每一個夢想背後隱藏的人生意義。

可以深入討論的問題：

在討論過上面的演練結果之後，互相提出以下的問題：

↓你小時候的夢想是什麼？

↓你認為你的父母有實現他們的夢想嗎？

↓你的父母是否有支持你去實現兒時的夢想？

↓為什麼你在同心圓中心寫下的那個夢想對你來說如此重要？

↓你的夢想是否與童年時光或過去的記憶有關？如果有的話，它們之間有什麼關聯？

↓你寫在同心圓中心的夢想背後，是否有隱藏的人生目標？

↓實現這個夢想會為你帶來什麼樣的感受？如果無法實現，會對你造成什麼影響？

↓再多告訴我一些關於你另外兩個夢想的事情。

確認我們會繼續共享彼此的未來：

輪流大聲唸出以下的聲明。在唸誦時，記得保持目光的接觸。

我承諾會全心全意去探索並了解你的夢想，並且在接下來的半年中，努力去支持你實現其中一個夢想。

結語

感情生活，且走且珍惜

這八次對話只是一個開端。不管你們是在一起考慮未來，或者已經交往很長一段時間，這些話題都是一段關係中最重要的考量。但你們能夠討論的事情、能夠理解的事物和能夠隨著一輩子的愛而得到的成長，並不侷限於此。你希望你們的關係不斷地成長和進化，從你的伴侶身上，你能夠一直學習到新的事物，這才是一段感情關係令人興奮的地方。

你們的關係就是一場偉大的冒險。以這樣的角度看待它，並且對一切保持好奇心。面對自己脆弱的一面，願意踏出舒適圈。學習去聆聽對方，懷抱說出真心話的勇氣，和伴侶分享你的希望、恐懼和夢想。

本書從討論信任開始，也以回顧信任結束，因為信任是決定所有關係成敗的核心。那些幸福的夫妻或情侶對彼此都有高度的安全感，而信任的關鍵在於誠實展現自己脆弱易受傷的面相。提高信任（例如準時、守約）能夠進一步提升你們的關係。你和你的伴侶並不一定要在每個方面都有一模一樣的想法來維繫感情。事實上，大部分的夫妻和情侶之間的差異要比相似處更多。但是你必須要有勇氣不去隱藏你的各個面向。

一輩子的愛情是由許多細微的時刻和互動所建構而成。

這些小動作無比重要。

每天早晨分別時，別對另一半一天的生活一無所知。在分別時給彼此一個吻別，見面時也別忘了親吻。一起享受玩樂的時光，同時也花一些時間談談各自如何度過了這一天。了解伴侶的壓力來源、了解兩人的共同期待，並且互相尊重彼此的夢想。

我們之前有提過，那些幸福的夫妻對彼此展現更多的正面態度。即使是在爭執或衝突中，他們的正面話語與負面批判的比例也維持在五比一。而當他們一起約會或出遊時，正面對負面的比例提高到了二十比一。這意味著當你們對彼此說出一句負面批判時，你們需要用二十句的正面讚美來彌補造成的傷害。

更重要的是，珍惜彼此。

表達珍惜的最佳方式，就是將你們的關係擺在優先次序的第一位。投注時間和精力，用心經營兩人的共同生活。完成本書的八場約會，然後在未來持續進行更多這樣的約會。

我們在第一章讀過班和莉亞的故事。對他們來說，這八場約會的對話過程為他們的關係帶來了深刻的改變。

「沒錯，我們本來就打算結婚，但是這些對話帶給我們前所未有的親密感，」莉亞說。「班願意且渴望花時間來和我對話，分享一切有關信任、金錢、夢想和家庭的想法，這對我來說非常重要。我們在幾個月之內就建立了別人要花好幾年才能建立的感情基礎。那是一種真正站在彼此身邊的感覺，讓我們互相扶持度過每一個未知的難關，這很令人興奮。我覺得我從來沒有像現在這樣愛他。每一次約會都像是一場冒險，就好像我們一起踏上探索彼此的旅程，更深入地了解對方。我們對彼此的愛已經不同以往，變得更為真實、堅定。我希望像這樣的約會能夠一直持續下去，直到永遠。我真心這樣希望。」

許多完成這八場約會的夫妻或情侶都表示，在經過每一次細緻的對話之後，他們感到更為親密，愛情也更為深化。並肩參與這趟旅程帶給他們嶄新的感受和激情。

進入一段感情關係是人類所知最偉大的冒險。

我們無法精確地預測你們的關係會如何進展，但我們很確定，如果你們致力於探索本書這八個主題、努力去理解兩人之間的不同，並且全心全意擁抱這些差異，你們將會對你們能夠創造出的幸福感到驚訝。在每一次面對彼此時，你們都在創造一段新的愛情故事：每一次安慰、每一次傾聽、每一次你將伴侶的幸福置於自己之上。

銘記你們創造出的愛情，這不但會讓這段關係幸福，更能夠為他人和社會做出貢獻。如果你們有小孩，這段關係就是能留給他們的最棒遺產。因為你們的愛會影響到他們對待未來伴侶的方式，然後進而影響到他們下一代的幸福。你們的愛情會不斷延續到每一個世代，生生不息。

你們的愛也會成為其他夫妻或情侶的典範。婚姻和家庭是整個社會的基石，當我們擁有健康幸福的感情關係時，我們的社會也同樣會充滿喜悅和祥和。你也可以將你在本書中學到的技巧、如何提出問題、如何聆聽、如何理解並擁抱差異，延伸到你和朋友、家人、同事，或甚至陌生人的互動中。我們永遠都可以在彼此身上學到新的事物。

我們寫作這本書的目的是幫助讀者，但是也希望讀者在看完本書之後，也能夠去幫助身邊的人。對於人生中最重要的事：如何去愛身邊最愛你的人，很少人有透徹的了解和訓練。請將本書分享給那些希望創造（或重塑）一段感情關係的朋友。無論他們會成為感情關係的大師或者災難，這都不僅僅會影響到他們本人，還會影響到他們的孩子、生活周遭的社群，以及整個社會。感謝你閱讀本書、感謝你為愛情付出努力和創造輝煌的成果，最後，也感謝你為創造更美好的未來做出貢獻。

每一個人都值得擁有一段維繫一生的愛情。

附錄
開放式問題討論

我們希望在你們維繫一生的關係中，每週一次的深度約會已經成為一種儀式。以下是一些在未來的約會中你們可以討論的更多開放式問題。這只是一些範例，但重點是你永遠都要對伴侶保持好奇心、不斷地再一次愛上對方、不斷地提出具重要意義的問題。

↓在接下來的三年內，你希望擁有什麼樣的人生？
↓你認為你的工作在未來會有什麼樣的改變？
↓你對我們現在的住處有什麼想法？是否想要在建築或裝潢上有任何改變？
↓如果你還可以活上一百年，你的人生可能會變成什麼樣子？
↓身為父親（或母親），你會如何比較你自己和你的父親（或母親）？
↓你認為我們的小孩會成長成什麼樣的人？你有任何憂慮或希望嗎？
↓你對你現在的工作有什麼想法？

↓在你過去的人生中，你最希望重新度過哪一個十年？為什麼？

↓你對於現在身為父母的自己，有什麼樣的感受？

↓如果你可以回到過去，你會希望改變人生中的哪一件事？為什麼？

↓在現在的生活中，有什麼事物讓你感到興奮和期待？

↓如果你明天一早醒來會獲得三項新技能，你希望那會是什麼？為什麼？

↓你對未來的最大憂慮是什麼？

↓你現在最好的朋友是誰？你或他們有過什麼樣的改變？

↓在你的青少年時期，最大的起伏是什麼？

↓如果你可以回到過去，你會希望生活在哪一個歷史時期？為什麼？

↓如果你可以選擇任何職業，你會想做什麼？為什麼？

↓如果你可以改變自己的任何一項特質，你希望改變什麼？為什麼？

↓在過去的一年間，你有什麼改變？

↓如果你可以和另外一個人交換人生，那個人會是誰？為什麼？

↓你現在有什麼人生夢想？

↓對於我們的家庭，你有什麼樣的目標想要達成？

↓如果你可以擁有世界上任何一個人的長相，你會選擇誰？為什麼？

↓對你來說這一年過得如何？有哪些精采時刻和低潮？

↓說說你最感到驕傲的時刻。背後有哪些故事？

↓如果你可以成為一位運動明星，你會選擇哪一種運動？為什麼？

↓作為父母，你這幾年有什麼改變？

↓作為子女，你這幾年有什麼改變？

↓你和哪一位親戚最親近？為什麼？

↓在你的人生中，最難相處的家人／朋友是誰？

↓如果你是世界上最富有的人，你會怎麼運用手中的金錢？

↓如果你可以在接下來的二十四個小時變成一種動物，你會想變成什麼？為什麼？

↓誰是你小時候心目中的英雄／英雌？

↓如果你在下半輩子可以生活在另一個國家，你會選擇哪裡？為什麼？

↓如果你可以成為任何一種藝術（包括繪畫、音樂、舞蹈等）的大師，你會選擇哪一種？為什麼？

額外的約會演練

以下是你可以在任何一次約會中附加的演練。你也可以特別安排一次關於「珍惜彼此」的約會來進行這項演練。

珍惜彼此

參考下方的清單，看看你的伴侶擁有哪些特質，並且想想過去在哪些事例中伴侶展現出這樣的特質。然後對自己說：「我能有這樣的伴侶是多麼幸運！」在下一次約會的時候，和你的伴侶一起瀏覽這份清單，分享彼此想到的事例，然後感謝對方展現出這些正面的特質。

我很珍惜和你在一起的時光，因為你總是……

（記得要對每一項特質提出相應的事例。）

↓很主動
↓很能夠適應新環境
↓很有冒險精神
↓很有進取心
↓懂得感激
↓很有藝術家精神
↓很真實
↓很有警覺心
↓很平和
↓堅忍不拔
↓很高尚
↓很公正
↓很好勝
↓很圓融有彈性
↓能夠原諒人

↓無所畏懼
↓很冷靜
↓很有能力
↓很會關懷別人
↓帶來歡樂
↓很機靈
↓富有同情心
↓很有信心
↓很體貼
↓很有學識
↓很忠實
↓很成熟
↓很有音樂素養
↓很整潔
↓很會照顧人

↓充滿勇氣
↓很有創意
↓充滿好奇心
↓很大膽
↓奉獻一切
↓很可靠
↓意志堅定
↓很忠誠
↓很有同理心
↓很尊重別人
↓很負責
↓很有自信
↓心思細膩
↓很真誠
↓很聰明

↓很友善
↓很風趣
↓很慷慨大方
↓很溫柔
↓很開心
↓很努力
↓很健康
↓很會幫助別人
↓很誠實
↓很謙虛
↓很幽默
↓很有洞察力
↓很有知識
↓很有趣
↓有很準的直覺
↓很善良

↓很有觀察力
↓有開闊的心胸
↓很樂觀
↓很井井有條
↓很有耐心
↓很心平氣和
↓感覺敏銳
↓很有毅力
↓很實際
↓很有原則
↓富有急智
↓很文靜
↓很理性
↓很能讓人依靠
↓很有韌性
↓很機智

↓和藹可親
↓很有精神內涵
↓很穩重
↓很堅強
↓很支持我
↓很細心
↓很有包容心
↓很信賴我
↓很值得信賴
↓很忠於事實
↓很通情達理
↓很無私
↓很溫暖
↓很睿智
↓很詼諧

國家圖書館出版品預行編目資料

讓愛情長久的八場約會【暢銷雋永版】：
21 世紀最受信賴的婚姻權威高特曼夫妻，陪你和另
一半有效溝通 / 約翰 . 高特曼 (John Gottman) 等著；
陳岡伯譯 . -- 臺北市：三采文化 , 2024.11
　面；　公分 . -- (MindMap；278)
譯自：Eight dates：essential conversations for a
lifetime of love.
ISBN 978-626-358-508-9（平裝）

1. 婚姻 2. 兩性關係 3. 溝通

544.3　　　　　　113013588

suncolor 三采文化

Mind Map 278

讓愛情長久的八場約會【暢銷雋永版】

21 世紀最受信賴的婚姻權威高特曼夫妻，陪你和另一半有效溝通

作者｜約翰．高特曼（John Gottman）、茱莉．高特曼（Julie Schwartz Gottman）
道格．亞伯蘭斯（Doug Abrams）、瑞秋．亞伯蘭斯（Rachel Carlton Abrams）
譯者｜陳岡伯
編輯三部副總編輯｜喬郁珊　責任編輯｜朱紫綾、高嘉偉　版權副理｜杜曉涵
美術主編｜藍秀婷　封面設計｜藍秀婷　封面插畫｜Dinner Illustration

發行人｜張輝明　總編輯長｜曾雅青　發行所｜三采文化股份有限公司
地址｜台北市內湖區瑞光路 513 巷 33 號 8 樓
傳訊｜TEL:8797-1234　FAX:8797-1688　網址｜www.suncolor.com.tw
郵政劃撥｜帳號：14319060　戶名：三采文化股份有限公司
二版發行｜2024 年 11 月 1 日　定價｜NT$420

EIGHT DATES: Essential Conversations for a Lifetime of Love by John Gottman, PhD, Julie Schwartz Gottman, PhD, Doug Abrams and Rachel Carlton Abrams, MD

suncolor